大數據背景下
即時CPI指數編制及R實現

劉田、談近 著

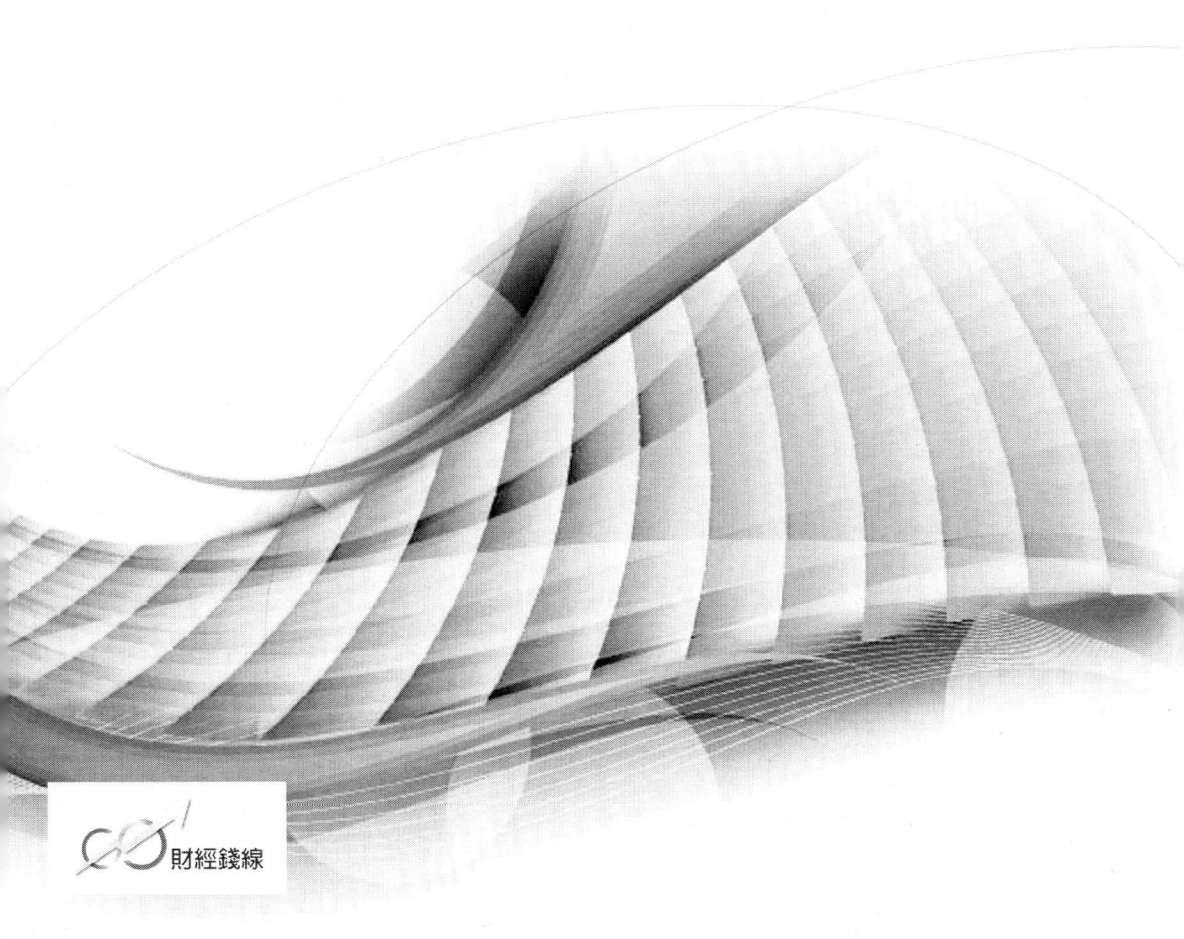

財經錢線

前　言

　　隨著信息技術的發展和網絡的普及，正迅速進入大數據時代。大數據革命給宏觀經濟統計帶來重大機遇與挑戰。大數據背景下 CPI 指數編製和發布存在諸多不足和需要改進的地方，比如：CPI指數編製和發布耗時耗力，存在較長的時間滯後，缺乏實效性；CPI 指數在反應居民生活成本時存在偏差，導致官方統計機構發布的物價數據與百姓主觀感受存在較大差異；編製單一物價總指數難以準確反應不同收入階層所面臨的實際價格水準，也就不能及時反應物價波動對不同階層特別是中低收入群體的生活所帶來的影響。

　　通過改變傳統抽樣調查的數據收集方法和價格指數的計算方法，充分利用大數據資源，可以高效快速地編製和發布即時高質量的 CPI 指數，用以滿足社會發展對價格指數的各種新興需求，為宏觀經濟分析、物價監測和調控等提供更為可靠的依據。

　　本書介紹了豐富的價格指數計算、評價的 R 編程實現過程，詳細研究了新興的滾動窗 GEKS 指數的移動窗寬選擇方案，提出了基於即時或延遲消費權重信息編製即時 CPI 指數的兩種思路，研究了大數據背景下高質量CPI 指數編製和發布的方法。

　　本書的研究和寫作是在參考、歸納、總結其他學者研究成果的基礎上完成的，這些成果包括但不限於文後的參考文獻，由於人數眾多，不一一列舉。出版過程中受到學出版社趙穎和高玲等的幫助。在此一併表示感謝。

為了便於讀者實驗、模仿及進一步改進,本書提供了各指數實現、檢驗的程序代碼。代碼用近年較為流行的免費開源統計軟件 R 實現。學習和研究者可以自由使用書中所附代碼。

目 錄

1 緒論 / 1
1.1 研究意義與應用價值 / 1
1.2 國內外研究現狀和趨勢 / 2
1.3 R 程序代碼說明 / 5
1.4 全書結構及內容說明 / 5

2 生活成本指數與消費者價格指數 / 9
2.1 生活成本指數 / 9
2.2 消費者價格指數 / 12
2.3 價格指數好壞的判斷標準 / 15
2.4 實證分析所用數據說明 / 19

3 常見 CPI 所涉指數的計算方法 / 23
3.1 基本分類價格指數的計算 / 23
    3.1.1 個體價格指數 / 23
    3.1.2 簡單價格指數 / 24
    3.1.3 加權價格指數 / 27
    3.1.4 GEKS 指數 / 37

    3.1.5　滾動年GEKS（RYGEKS）指數 / 40

    3.1.6　價格指數的計量模型計算與解釋 / 42

3.2　匯總價格指數的計算 / 46

    3.2.1　拉氏、派氏指數的變形 / 46

    3.2.2　雙基期價格指數 / 47

    3.2.3　指數匯總的分類不變性問題 / 48

3.3　實際價格指數的計算 / 49

    3.3.1　年同比指數的計算 / 49

    3.3.2　權重固定時加權年同比指數的計算 / 52

    3.3.3　Mudgett Stone 年度指數 / 54

    3.3.4　月定基指數的計算 / 55

    3.3.5　滾動年GEKS月定基指數的計算 / 66

    3.3.6　指數的分類逐步計算與一步直接計算 / 78

4　中國現行CPI指數的編製方法 / 82

4.1　指數編製步驟 / 82

4.2　價格指數的計算方法 / 84

    4.2.1　基本分類指數的計算 / 85

    4.2.2　類別及總指數的計算 / 85

    4.2.3　報告指數的換算方法 / 85

4.3　實際編製例子 / 86

    4.3.1　分類方案1指數編製 / 87

    4.3.2　分類方案2指數編製 / 93

    4.3.3　分類方案3指數編製 / 98

5 大數據背景下中國現行 CPI 指數計算方法的特點和缺陷 / 103

5.1 引言 / 103

5.2 實證數據來源及其變化特徵 / 104

5.3 中國 CPI 指數計算方法的特點和缺陷 / 106

    5.3.1 最終匯總指數受到代表規格品分類的影響 / 106

    5.3.2 巨大的鏈偏誤 / 108

    5.3.3 同期指數計算的不合理性 / 110

    5.3.4 誇大了消費份額小的產品價格變化的影響 / 110

    5.3.5 平均價格計算的不合理性 / 111

    5.3.6 權重更新不及時的影響 / 111

    5.3.7 報告指數跟基期選擇的關係 / 111

5.4 結論 / 112

6 中國現行 CPI 指數編製及發布存在的不足 / 114

6.1 數據採集方面的不足 / 114

6.2 指數計算方面的不足 / 115

6.3 指數發布方面的不足 / 117

7 大數據背景下即時 CPI 價格指數編製方法 / 121

7.1 基於即時消費數量或開支份額計算即時 CPI 指數 / 121

    7.1.1 計算每日高頻 CPI 指數 / 122

    7.1.2 計算期間（周、月、季、年度）CPI 指數 / 123

    7.1.3 計算滾動期間 CPI 指數 / 124

7.2 使用延遲消費數量或份額計算即時 CPI 指數 / 124

    7.2.1 使用上月權重信息計算即時 CPI 指數 / 125

7.2.2　使用上年權重信息計算即時 CPI 指數 / 133

7.2.3　使用滾動年度間隔期間權重信息計算即時 CPI 指數 / 139

7.2.4　使用延遲權重計算即時 CPI 的權重及指數計算方法的選擇 / 143

8　大數據背景下 CPI 價格指數編製和發布的方法與思路 / 147

8.1　基於電子化交易大數據計算 CPI 指數的優點 / 147

8.2　電子化交易大數據獲取途徑及獲取內容 / 148

8.3　大數據背景下 CPI 指數的計算 / 149

8.3.1　數據預處理 / 150

8.3.2　代表規格品的自動選擇 / 151

8.3.3　基於大數據的權重自動計算 / 152

8.3.4　基於大數據的指數計算 / 153

8.4　大數據背景下 CPI 指數計算及發布的質量改進 / 154

8.4.1　CPI 指數質量變化的調整方法 / 154

8.4.2　CPI 指數的季節調整 / 155

8.4.3　大數據背景下準即時及多層次 CPI 指數的編製與發布 / 160

8.5　目前階段使用交易大數據編製 CPI 指數存在的局限性 / 162

主要參考文獻 / 163

附錄 / 166

表 1　價格數據 / 166

表 2　份額數據 / 169

1　緒論

1.1　研究意義與應用價值

消費者價格指數（Consumer Price Index，簡稱 CPI），是根據與居民生活有關的商品及服務的價格統計出來的物價變動指標，是觀察通貨膨脹水準的重要指標。一般認為當 CPI 增幅高於 3% 時為通貨膨脹（Inflation），高於 5% 時為嚴重通貨膨脹。CPI 指數是市場經濟活動觀察、宏觀經濟分析和政策制定的重要參考指標。CPI 穩定、就業充分及 GDP 增長往往是最重要的社會經濟目標。快速準確地編製並發布 CPI 指數非常重要。大數據背景下中國 CPI 指數的編製和發布已不能適應時代發展的需要，存在許多問題和需要改進的地方。這些問題包括：

首先，CPI 指數的編製和發布耗時耗力，存在較長的時間滯後，缺乏實效性，關鍵時刻不利於政府快速制定針對性政策。由於現階段中國 CPI 指數編製是由人工採集價格數據，方法非常原始，耗時耗力耗財，指數生成與發布環節也受到很多人為的影響和限制，故而每月僅能編製和發布一次物價指數，存在較長的滯後性。大數據時代對數據更新有更快的需求，低頻率、時間滯後的 CPI 指數發布機制不可避免地會弱化 CPI 指數的信息反饋能力。

其次，CPI 指數在反應居民生活成本時存在偏差，導致官方統計機構發布的物價數據與百姓主觀感受存在較大差異。限於數據的可獲得性和成本控制，統計部門依據抽樣調查原理並結合其他相關資料，對居民的消費情況進行經常性調查。這些精心設計的調查項目無疑具有一定代表性和價值，但不可能是個體消費的全部真實反應，每個人的消費商品和服務的品種和權重不可能與統計部門調查的一致。同時，中國 CPI 指數編製過程中各種商品和服務的權重每 5 年才變化一次，其間保持固定不變。固定權重的好處是方便數據處理和指數編製，但顯然不能體現消費者消費行為的季節性變化，更不能反應消費者消費行為和消費模式的快速演變。目前進行數據處理時可能會採取按月、旬、周平均等平滑化處理。這些因素都導致 CPI 指數變化在很多時候與居民物價變化感受存在較大偏差。

最後，隨著收入差距的拉大和貧富水準的提高，消費上處於不同層次的居民在消費水準、消費結構、消費質量、消費偏好和消費能力等方面表現出更為明顯的差異。這種情況下，僅僅編製一個物價總指數顯然不能準確反應不同收入階層所面臨的實際價格水準，也就不能及時反應物價波動對不同階層特別是中低收入群體的生活所帶來的影響。

目前 CPI 指數編製和發布存在的這些缺陷大大限制了其實際應用。為滿足社會對價格指數不斷湧現的各種需要，大數據浪潮的形成和不斷發展已對傳統的官方價格統計構成巨大挑戰。一些社會研究和調查諮詢等非官方機構或企業開始使用大數據收集、整理並發布與官方統計定期發布重複的商品價格指數統計結果。這些統計與官方統計重複，造成社會資源浪費；更重要的是，這些數據與官方統計結果很可能不一致，從而擾亂正常的統計數據發布和公眾使用，對官方統計的權威性構成挑戰。

官方價格指數統計如何面對大數據時代的挑戰？如果將大數據作為官方統計時新的數據來源，或至少作為主要來源，改變傳統價格指數統計時數據的收集方法和渠道，可以明顯節約開支、提高時效和數據質量。因為商品交易記錄的海量數據已經覆蓋各種類型市場的所有商品，沒有必要再組織龐大的採價員隊伍定期按選定的代表規格品去採樣，至少可以大大減小採價員隊伍的規模。

大數據時代的到來，為政府統計工作開闢了另一條思路。新修訂的《中華人民共和國統計法》中明確規定，統計調查要「充分利用行政記錄等資料」，這為官方統計使用大數據提供了法律依據。如果條件允許、技術可行，通過全面調查來代替抽樣調查得出結果，可能更具可比性、代表性和時效性。在 CPI 的編製發布過程中運用大數據技術，運用大數據思維符合時代發展的潮流，是進行官方價格指數統計需要認真研究的新課題。

1.2 國內外研究現狀和趨勢

最近十來年，隨著信息技術的發展和網絡的普及，全球範圍內每時每刻都在從各種途徑產生出海量數據，比如政府管理、社會調查、商品交易、社交網絡等。大數據正迅速成為當前互聯網時代引人注目的焦點。在新的科學技術和思想觀念的引領下，數據的採集、儲存、分析和應用都在發生著深刻的變化，傳統抽樣統計方法和思想正面臨嚴峻挑戰。很多國家和大的企業機構都開始重視大數據的發展和應用。比如美國政府將大數據視為未來的「新石油」，白宮網站於 2012 年 3 月 29 日發布了《大數據研究和發展倡議》，計劃拿出專門資金用於改善從海量數據中獲得、組織和收集知識所必需的工具和技能，以應對大數據時代及大數據革命帶來的機遇與挑戰。

大數據理論創立者舍恩伯格認為大數據思想有三個重要特點：一是要總體數據而不是抽樣數據，因為大數據時代可以收集到豐富的數據，甚至是和某個研究問題相關的全部數據，可以不再依賴於隨機抽樣；二是要效率而不是絕對精確，因為相關研究數據非常多，人們不再需要追求絕對的精確度；三是要相關而不是因果，因果關係很多時候難以確認，可以從對因果關係的探尋中解脫出來，將注意力放在相關關係的發現和應用上。

消費者價格指數無疑是宏觀經濟分析和政策制定的重要參考指標。現階段中國官方統計機構編製 CPI 價格指數時最為關鍵的步驟是價格信息的收集和權重的選擇。價格信息由全國調查大隊採取定人、定時、定點的直接調查方式採集。而權重是根據在全國範圍抽選的 13 萬戶城鄉居民家庭消費支出情況確定的，權重確定後 5 年內保持不變。

美國勞工統計局也會每月定時公布 CPI 指數。其數據收集與指數編製方法與中國類似，不僅數據調查代價高昂，更重要的是數據結果的公布會有幾周的滯後。關鍵時刻（比如 2008 年的金融危機）這種時間滯後是致命的，政策決策者為了更好地應對變化，需要及時瞭解通貨膨脹率。麻省理工學院的兩位經濟學家 Alberto Cavell 和 Oberto Rigobon 對此提出了一個大數據解決方案。通過一個軟件在互聯網上每天收集 50 萬種商品的價格，把大數據和好的分析方法相結合，他們在 2008 年 9 月雷曼兄弟破產之後馬上就發現了通貨緊縮趨勢，而官方數據直到 11 月份才發現這個情況。

目前荷蘭、挪威、瑞士和瑞典等國已經嘗試使用大型商場結算時的掃描大數據編製本國 CPI 指數。出於謹慎性考慮，四個國家在運用電子化的掃描大數據編製 CPI 前都先進行過實證驗證，以比較與傳統方法的差異大小，並都先從最常見的食品和飲料類產品開始嘗試，再逐漸增加超市數目和產品採集範圍。結果表明利用電子化交易大數據替代（或至少部分替代）人工數據採集是可行的。

2011 年，基於淘寶和天貓平臺的網絡零售交易的商品和服務價格，阿里巴巴集團推出了網絡零售價格指數（iSPI，internet Shopping Price Index）。該指數以淘寶和天貓平臺的網絡交易的即時數據為基礎進行計算，可以做到快速發布，解決了官方統計機構 CPI 物價指數發布的時滯問題，儘管還比較粗糙，也越來越受到人們的關注。與國家統計局發布的價格指數基於抽樣統計分析不同，iSPI 使用整個網站全部的交易數據，是大數據技術和思維的產物，每筆商品交易價格都會影響 iSPI 指數的最終結果，iSPI 比 CPI 指數對商品價格變化反應更為敏感。2014 年 5 月，上海市統計局與國內最大的 B2C 食品飲料類電商「1 號店」進行合作，由上海市統計局提供方法和技術指導，基於「1 號店」的銷售數據，共同構建「『1 號店』快速消費品價格指數」。這對上海市政府相關部門進行公共決策和服務時瞭解所需要的價格信息起到支撐作用，意味著用於企業精準行銷的大數據開始服務於國計民生。

基於大數據計算價格指數的應用值得官方統計機構編製 CPI 指數時借鑑和參考，應該得到深入探索和認真研究。大數據只是提供了價格與權重的可靠來源，給編製高質量價格指數提供了可能性，如何將豐富的數據科學地匯總為一個價格總指數，依然是一個巨大挑戰。

一個關鍵的價格指數編製問題是鏈偏誤問題。編製合理的價格指數必須使用加權價格指數，因為消費的不同商品或服務不可能是同等重要的，存在重大差別。傳統加權價格指數，不管經典的拉氏、派氏非對稱加權價格指數，還是 Fisher 等對稱加權的優指數，都存在鏈偏誤問題，導致直接計算跟鏈乘計算的定基指數不一致。在多邊價格比較時，Gini（1931）、Eltetö 和 Köves（1964）、Szulc（1964）等提出了 GEKS（或稱 EKS）方法。Balk（1981）將 GEKS 方法用於時間序列，發現 GEKS 指數較傳統價格指數有很多好處：無鏈偏移，有效解決鏈偏誤問題；每個月均承擔基月的作用，各月的作用是對稱的；利用了價格數據的所有可能的雙邊匹配；強季節性商品也可對總指數有貢獻。Ivancic, Diewert 和 Fox（2011）進一步提出 RYGEKS 方法，用以解決 GEKS 指數的持續更新問題。從統計建模的角度，Summers（1973）提出 CPD（Country Product Dummy）方法，可看作一種簡化的 Hedonic 迴歸。Aizcorbe、Corrado 和 Doms（2003）、de Haan 和 Krsinich（2014）等將其改造用於時間序列領域，得到 TPD（Time Product Dummy）方法。該方法也可有效解決鏈偏誤問題，是一種新興的有前途的價格指數編製思路。

1.3　R 程序代碼說明

本書各價格指數的計算、檢驗、對比分析及實證研究均用 R 實現。R 是一個新興的統計軟件平臺，因為其免費、開源的特徵，在需要統計、建模的領域，不論教學、科研或社會實踐，都得到越來越廣泛的支持與應用，很多最新發布的研究成果也會同步提供其 R 實現。R 軟件可在其官方網站 https://www.r-project.org/ 連結的鏡像網站中下載、安裝和使用，比如可於清華大學的鏡像網站 https://mirrors.tuna.tsinghua.edu.cn/CRAN/下載。

1.4　全書結構及內容說明

第 2 章介紹生活成本指數與消費者價格指數，總結了傳統 CPI 指數構造中存在的兩種主要分析框架，即生活成本指數理論與固定籃子價格指數理論；從經濟分析的角度介紹了生活成本指數的概念，並基於 Cobb-Douglas 型效用函數假設，推導了兩個價格指數中廣泛應用的生活成本指數的具體計算公式；從經濟統計的角度介紹了固定籃子價格指數理論，從籃子中規格品數量的不同選擇得到不同的經典價格指數；討論了 CPI 指數用作補償指數、通貨膨脹指數及縮減指數的三大測度目標及 CPI 指數計算時獲得法、支出法及使用法的三種處理方法；總結了價格指數好壞的判斷標準，重點介紹了時間互換檢驗、因子互換檢驗和循環性檢驗等三大檢驗的概念、經濟思想及檢驗方法。

第 3 章研究了常見 CPI 所涉指數的計算方法、性質、相關檢驗及 R 實現。首先介紹了 Carli 指數、Dutot 指數及 Jevons 指數等簡單價格指數及其 R 實現，從理論和實證分析的角度，驗證了 Dutot 指數與 Jevons 指數可通過時間互換檢驗及循環性檢驗，但 Carli 指數不能通過兩個檢驗，且 3 個簡單指數均不能通過因子互換檢驗；接著介紹了拉氏指數、派氏指數及拉氏、派氏生活成本指數等非對稱加權價格指數及其 R 實現，實證驗證了它們都不能通過三大檢驗；研究了 Fisher 指數、Törnqvist 指數、馬埃指數與 Walsh 指數 4 個對稱加權的優指數及其 R 實現，從理論分析和實證檢驗角度，表明它們均滿足時間互換檢驗，完全或近似滿足因子互換檢驗，但不滿足循環性檢驗要求，且 4 個指數是二階近似的，相互間差異不大；研究了 GEKS 指數及滾動年 GEKS 指數及其 R

實現，GEKS 指數可完全滿足時間互換檢驗、因子互換檢驗及循環性檢驗要求，但存在指數持續更新問題，RYGEKS 指數利用滾動窗的方式解決了持續更新問題；總結了常見指數的計量模型計算與解釋，包括 Carli 指數、Jevons 指數、Törnqvist 指數等優指數，並引入移動加窗 WTPD 方法，跟 RYGEKS 指數一樣可較好地解決鏈偏移問題；總結了匯總價格指數的計算，特別是 Lowe 指數、Young 指數及近似 Fisher 指數等雙基期價格指數，它們不僅在實踐中用得較多，還可用於即時價格指數計算。研究發現，Fisher 直接指數跟 GEKS 指數在每個時點上的差異都很小，兩個指數的變化曲線幾乎重疊在一起。但 Fisher 指數不滿足循環性要求，而 GEKS 指數完全滿足。RYGEKS 指數跟 GEKS 指數的變化曲線雖然沒有完全重疊，但變化趨勢完全一樣，且差異在每一時點上都比較小，與 GEKS 指數極為接近。以不同優指數為基礎價格指數的 RYGEKS 指數不僅變化趨勢一致，在各時點的值也幾乎重疊在一起，故而基礎價格指數可固定選為 Fisher 或 Törnqvist 指數。使用滾動年方法計算 RYGEKS 時，指數計算結果依賴於移動窗寬的選擇，窗寬太小時 RYGEKS 指數跟 GEKS 指數間的偏差較大，隨著窗寬逐步變大，偏差急遽減小。當窗寬達到 1 年左右時，偏差已經較小了。但隨著窗寬的繼續增加，偏差會出現波動變化，呈現先增加後減小的變化模式。但波動幅度隨著窗寬的繼續增加越來越小，最後偏差趨於收斂到 0。Ivancic 等建議選擇 13 個月，或選擇 25、36 個月等並非最佳選擇，直接選擇 12 個月（1 年）或 24 個月（2 年）作為窗寬一般來說更好；儘管選擇更大的窗寬偏差可能更小，但差異已經不大了，所以選擇 24 個月或 36 個月是窗寬的合適選擇。本章還提出了指數匯總的分類不變性問題，發現拉氏指數與派氏指數直接一步計算跟分類逐步計算得到完全一樣的結果；但 4 個優指數一步直接計算跟分類逐步計算所得結果是不同的，略有差異。平均而言，Walsh 差異為萬分之一左右，而其餘 3 個優指數差異為萬分之五左右，這是較小的差異，實際應用中可以忽略。可以粗略認為各優指數分組逐步計算跟一步直接計算是無差異的。

第 4 章介紹了中國現行 CPI 指數的編製方法，包括確定產品籃子、收集籃子產品的價格數據、收集權重資料等指數編製關鍵步驟，以及基本分類指數、類別及總指數和報告指數等指數的計算方法，並以實證數據的 3 種不同分類方案，對我們 CPI 指數編製方法進行了實際計算。

第 5 章從指數編製的角度，基於理論分析和實證研究，對大數據背景下中國現行 CPI 指數計算方法的特點和缺陷進行研究。研究表明：中國價格指數編製方案所得到的匯總指數對代表規格品類別歸屬變化敏感，代表規格品的不同歸類可能導致匯總指數的巨大差異；同比指數跟定基指數均存在明顯的鏈偏誤；同期指數的計算方法是不合理的；計算基本分類價格指數時，由於沒有採集利用量的數據信息，以致代表規格品的平均價格誇大真實採購的平均價格，且誇大支出份額占比較小的規格品價格變化的影響。

第6章總結了中國現行 CPI 指數編製、發布方案存在的不足，特別是在數據採集、指數編製和發布實踐中的缺陷和不足。數據採集方面：抽樣誤差大；樣本範圍小，更新速度慢；採樣間隔時間長，頻度低；採價成本相對高昂；沒有充分利用現有電子化交易數據。指數計算方面：產品籃子更新較慢導致產品籃子出現代表性問題；權重每5年才進行一次大調整，更新較慢；指數計算沒有考慮季節性調整問題；沒有考慮產品質量變化引起的指數計算偏差；年度及同期價格指數計算不合理；基本分類價格指數計算時沒有考慮權重問題。指數發布方面：發布的 CPI 指數較為籠統，數據不夠具體、豐富；每月公布的分類指數非常粗略，沒有充分公布子類指數；沒有發布核心通貨膨脹指數以及剔除一些項目後的指數；沒有編製和發布不同目標群體的個性化價格指數；沒有發布詳細的分地區 CPI 指數；編製方法及方法變更沒有做詳細說明。

第7章研究了大數據背景下即時 CPI 價格指數編製方法。編製方法分為基於即時或延遲消費數量或開支份額的權重信息編製即時 CPI 指數兩種。基於即時消費權重，研究了如何編製每日高頻 CPI 指數，包括日環比指數、跟上月或上年同日的同比指數或者跟任意選定的某個基日的定基指數，研究了周、月、季、年度或同期等不同期間的價格指數編製，以及滾動期間價格指數編製。建議以統一的編製思路和方法，選擇24個月的窗口寬度，使用滾動窗 GEKS 指數進行指數編製，其最大好處是沒有鏈偏誤，給指數合成與分解帶來很大方便。對於延遲權重，分別以上月、上年及滾動年消費數量或開支份額對常見雙基期指數、Lowe 指數、Young 指數、幾何 Young 指數、調和 Young 指數、近似 Fisher 指數及滾動窗 GEKS 指數等指數的月度直接定基指數及鏈乘指數進行了對比研究。研究結果表明，在計算即時價格指數時，可基於上月權重信息計算移動窗 GEKS 指數，或者基於滾動年權重信息計算近似 Fisher 指數。他們所得結果都與拿到真實權重信息後計算的移動窗 GEKS 參考指數有較小的偏誤和鏈偏差。

第8章研究了大數據背景下 CPI 價格指數編製和發布的思路與方法。首先概括了基於電子化交易大數據計算 CPI 指數的優點，這表現在可以提高源頭數據的採集質量，並改進 CPI 指數的編製和發布質量，給出了電子化交易大數據獲取途徑及獲取內容。然後提出了基於大數據構建 CPI 指數的兩種思路：一是只把交易大數據當作價格和權重採集的一種新途徑，遵循傳統步驟和方法來編製 CPI 價格指數，並介紹了基於交易大數據如何進行數據預處理、代表規格品選擇及權重確定；二是全新構建 CPI 價格指數體系，放棄代表規格品和權重的選擇確認，充分利用收集到的交易大數據信息，使用現代價格指數計算方法，以克服傳統 CPI 指數計算及發布的諸多不足。最後研究了大數據背景下 CPI 指數計算及發布的質量改進，包括通過 Hedonic 迴歸的特徵價格法進行質量調整，使用滾動年 Mudgett Stone 指數進行季節調整，編製、發布準即時及多層次的 CPI 指數。

2　生活成本指數與消費者價格指數

　　消費者消費的商品或服務多種多樣，總數可能有上百萬種；隨著時間的推移或地域的變化，所消費的商品價格與數量均可能發生上升或下降的變化。現實生活、經濟分析或政策制定中，很多時候需要把它們的價格及數量變化用一個或少數幾個指標來刻畫。如何將眾多被消費的商品及服務的價格和數量信息匯總成一個數字來描述總體上升或下降的變化情況，便是價格指數問題研究的內容。

　　指數就是用來綜合反應多種經濟因素組成的經濟現象在不同時空條件下整體或平均變動的相對數。價格指數理論可看作一種描述統計，其主要目標就是以一種經濟有效的方式將大量價格與數量信息匯總為一個總體價格或數量。

　　美國經濟學家 Frisch 指出，價格指數的構造和編製既是統計技術問題，也是經濟理論問題。傳統 CPI 指數構造中存在兩種主要分析框架，即生活成本指數理論和固定籃子價格指數理論。

2.1　生活成本指數

　　在市場經濟中，人們需要消費開支以維持日常生活。隨著時間每天、每月或每年的變化推移，人們維持生活所需商品和服務的開支會發生變化。那麼如何定量衡量開支變化的大小呢？這個問題並不是想像中那麼簡單。從理論上講，可用生活成本指數（Cost-of-Living Index）度量不同時間或地區的生活成本差異，即保持相同生活水準前提下比較期或比較區域與參考期（稱為基期）或參考區域消費者支出的費用之比。生活成本指數有時也稱真實物價指數。現實生活中不同商品或服務在各自價格發生不同漲跌變化時，必然存在替代效應。比如豬肉價格漲了而牛肉價格降了，很多人會選擇多吃牛肉少吃豬肉。故而維持同樣生活水準不一定需要保持不同商品或服務同樣的消費數量，雖然消費數量不變可以認為生活水準也保持不變。生活水準是一個主觀感受，一般選擇效用函數來描述。

指數研究與度量時一般考察隨著時間變化而變化的動態指數。假設市場上總共有 n 種商品或服務（統稱為規格品，Specifications），第 i 種規格品在第 t（t = 0，1，2，…）期的價格和消費的數量分別表示為 P_i^t、Q_i^t。有時為了表述的方便，也用 0 表示指數計算與報告的基準期，用 1 表示報告期，P_i^1、Q_i^1 分別表示第 i 種規格品在報告期的價格與數量，對應基期的價格和數量分別記為 P_i^0、Q_i^0。如果用 U 表示效用函數，生活成本指數可以定義為：

$$P_k(P^0, P^1, U) = \frac{C(U, P^1)}{C(U, P^0)} \tag{2.1}$$

其中 U 表示效用函數，與消費的規格品的數量相關，C 表示生活成本函數。

效用函數可看成所消費的商品或服務數量的函數，可表示為 $U = f(q)$，於是生活成本指數可表示為：

$$P_k(P^0, P^1, q) = \frac{C[f(q), P^1]}{C[f(q), P^0]} \tag{2.2}$$

使用不同的消費者效用函數形式，會得到不同的生活成本指數的計算公式。

如果消費者效用函數假設為 Cobb-Douglas 偏好：$U = AQ_1Q_2\cdots Q_n$，其中 A 為常數且大於 0，Q_i 為第 i 種商品或服務的消費量，成本函數為 $C = \sum P_i Q_i$，則在受到生活成本約束的條件下獲得最大效用的數學模型為：

$$\begin{cases} \text{Max} U = AQ_1Q_2\cdots Q_n \\ C = \sum P_i Q_i \end{cases}$$

根據受約束拉格朗日極值方法，不難得到獲得最大效用的條件。因為 U 跟 lnU 在同一處取到最大值，定義拉格朗日函數

$$\ln U^* = \ln U + \lambda(C - \sum P_i Q_i) = \ln(AQ_1Q_2\cdots Q_n) + \lambda(C - \sum P_i Q_i)$$

受約束最大化的條件須滿足：

$$\begin{cases} \dfrac{\partial \ln U^*}{\partial Q_i} = \dfrac{1}{Q_i} - \lambda P_i = 0 \\ C - \sum P_i Q_i = 0 \end{cases}$$

於是可得到

$$P_i Q_i = C/n \tag{2.3}$$

將式（2.3）左右兩邊依下標 i 從 1 到 n 連乘，得到：

$$\prod_{i=1}^{n} P_i Q_i = (C/n) n$$

$$\prod_{i=1}^{n} P_i \prod_{i=1}^{n} Q_i = (C/n) n$$

$$\prod_{i=1}^{n} P_i U = A(C/n) n$$

$$(\prod_{i=1}^{n} P_i)^{1/n} U^{1/n} = A^{1/n} C/n$$

於是可得到成本函數：

$$C = n \left(\frac{U}{A}\right)^{1/n} \left(\prod_{i=1}^{n} P_i\right)^{1/n}$$

在維持消費水準（即效用 U）不變的條件下，分別將上式代入比較期與基期，可以推導出效用函數為 Cobb-Douglas 偏好時生活成本指數的計算公式：

$$I_t = \frac{C^1}{C^0} = \prod_{i=1}^{n} \left(\frac{P_i^1}{P_i^0}\right)^{1/n} \tag{2.4}$$

可以看出，效用函數為 Cobb-Douglas 偏好時，生活成本指數和比較期與基期各規格品的價格相關，為各規格品價格相對變化的幾何平均，但跟消費者消費的量或所占的份額無關。此即為各國統計機構在計算基本價格指數時用得非常多的 Jevons 指數，第 3 章會有詳細介紹。

Cobb-Douglas 偏好型效用函數比較特殊，如果將效用函數擴展為更為靈活的一般形式：$U = AQ_1^{a_1} Q_2^{a_2} \cdots Q_n^{a_n}$，其中 Q_i 為第 i 種商品或服務的消費量，成本函數為 $C = \sum P_i Q_i$，則成本約束下獲得最大效用的數學模型為：

$$\begin{cases} \mathrm{Max} U = AQ_1^{a_1} Q_2^{a_2} \cdots Q_n^{a_n} \\ C = \sum P_i Q_i \end{cases}$$

根據受約束拉格朗日極值方法，不難得到獲得最大效用的條件為：

$$\frac{a_1}{P_1 Q_1} = \cdots = \frac{a_n}{P_n Q_n}$$

於是，容易推出：

$$P_i Q_i = \frac{a_i}{\sum a_i} C$$

所以有

$$\frac{a_i}{\sum a_i} = \frac{P_i Q_i}{C} = \frac{P_i Q_i}{\sum P_i Q_i}$$

其中 $\dfrac{P_i Q_i}{\sum P_i Q_i}$ 表示第 i 種商品或服務的消費開支占總開支的份額，將其記為 S_i，有：

$$S_i = \frac{P_i Q_i}{\sum P_i Q_i} = \frac{a_i}{\sum a_i} \qquad (2.5)$$

由 $C = \dfrac{P_i Q_i}{S_i}$，有 $C^{a_i} = (\dfrac{P_i Q_i}{S_i})^{a_i}$，於是：

$$\prod_{i=1}^{n} C^{a_i} = \prod_{i=1}^{n} (\frac{P_i Q_i}{S_i})^{a_i}$$

$$C^{\sum a_i} = \frac{\prod_{i=1}^{n} P_i^{a_i} \prod_{i=1}^{n} Q_i^{a_i}}{\prod_{i=1}^{n} S_i^{a_i}} = \frac{\prod_{i=1}^{n} P_i^{a_i} (A \prod_{i=1}^{n} Q_i^{a_i})}{A \prod_{i=1}^{n} S_i^{a_i}} = \frac{U}{A \prod_{i=1}^{n} S_i^{a_i}} \prod_{i=1}^{n} P_i^{a_i}$$

於是得到成本函數：

$$C = (\frac{U}{A \prod_{i=1}^{n} S_i^{a_i}})^{\frac{1}{\sum a_i}} \prod_{i=1}^{n} P_i^{\frac{a_i}{\sum a_i}} = (\frac{U}{A \prod_{i=1}^{n} S_i^{a_i}})^{\frac{1}{\sum a_i}} \prod_{i=1}^{n} P_i^{S_i} \qquad (2.6)$$

在式（2.6）中，假設開支份額 S_i 及 a_i 不隨時間變化，在維持消費水準（即效用 U）不變的條件下，分別代入比較期與基期，可以推導出生活成本指數的計算公式：

$$I_t = \frac{C^1}{C^0} = \prod_{i=1}^{n} (\frac{P_i^1}{P_i^0})^{S_i} \qquad (2.7)$$

這樣就根據效用函數新的假設公式得到了生活成本指數或真實物價指數的新的計算公式。可以看出，在該效用函數假設下，生活成本指數的計算公式不僅跟比較期與基期的規格品價格相關，也跟各規格品的開支所占份額相關，可認為是各規格品價格相對變化的加權幾何平均。

對比式（2.4）與式（2.7）可以看出，在不同的效用函數假設下，所得生活成本指數的計算公式是不同的，可能存在重大差異。我們還可在其他效用函數具體形式的不同假設下，得到其他形式的生活成本指數的計算公式。

2.2　消費者價格指數

消費者價格指數（Consumer Price Index，簡稱 CPI），是根據與居民生活息息相關的商品及服務的價格統計出來的物價變動指標，是觀察通貨膨脹水準的重要指標，一般以百分比來表示。貨幣政策的制定、通貨膨脹或通貨緊縮測度、宏觀經濟預警、經濟景氣分析、經濟週期分析、最低工資調整、社會保障支付等，都與 CPI 有著密切的關係。

按照 ILO、IMF、OECD、Eurostat、United Nations、World Bank 等國際機構 (2004) 在《消費者價格手冊》中的定義，CPI 是用來衡量住戶以購買或其他方式獲得的用以滿足其自身需求的產品或服務的價格變化的指數。這裡消費主體限於私人住戶，包括一人住戶或多人住戶，但不包括如宗教機構、社區醫院等組織機構；CPI 測度的是以消費為目的而購買的商品或服務，為其他目的（如投資目的）購買的商品或服務不包括在統計之內。

CPI 指數構造有固定籃子理論、生活成本指數理論、隨機統計模型等不同的分析思路。

固定籃子指一系列商品或服務的集合，其種類及數量固定不變，形象地稱為固定籃子。固定籃子指數指不同時期消費相同的籃子商品或服務所需支出之比的變化，用以度量一籃子商品或服務的總體價格的變化。Lowe (1823) 建議在計算價格指數時指定一個固定的代表性商品籃子，維持籃子中每種商品數量不變進行總體指數計算，然後每 5 年對商品籃子數量進行更新，這就是固定籃子方法。籃子中商品數量選擇可以有不同思路：如果選擇基期的數量，就得到拉氏指數；如果選擇比較期的數量，就得到派氏指數；如果選擇比較期與基期之外的時期的數量，就得到 Lowe 指數。固定籃子方法的好處是，籃子中商品種類及數量固定不變、客觀可觀察，便於數據收集和統計計算。實踐中多數國家均採用固定籃子理論框架。

生活成本指數為維持相同的生活水準在不同時期所需消費支出之比的變化。生活水準用效用函數進行描述，是比較主觀的東西，指數計算時需要對效用函數的形式進行假設，只有美國、瑞典、荷蘭等少數國家採用生活成本指數理論框架。

兩種價格指數分析框架的測度目標不同：如期望測度生活成本，可以選擇生活成本指數；如期望測度通貨膨脹，可使用固定籃子價格指數。兩種處理思路從不同的視角出發，概念上並不相同，一般情況下存在較大差別。生活成本指數是維持固定的生活標準或效用水準的費用的變化，指數編製時假設消費者偏好保持不變，且影響消費者福利和生活水準的非價格因素也保持不變。而 CPI 指數強調的是固定消費籃子的費用變化。當然兩者在特定的福利水準、消費偏好及社會環境下是可能相等的。

當然也可建立隨機統計模型，通過計量分析的方法對價格指數進行解釋、計算與分析。這是近年新興的一種思路與分析框架。

CPI 指數具有綜合性、平均性與動態性的特點。綜合性指 CPI 指數反應的是一籃子商品或服務總體上的價格相對水準。平均性指 CPI 指數反應的是一籃子商品或服務價格變化的平均水準，指數上升時也可能有部分商品或服務價格下降；反之亦然。動態性指 CPI 指數反應的是一籃子商品或服務總體價格在不同時間上的對比，因而指數計算需要選擇比較期與參考基期，並且因為基期的不同選擇可得到環比指數、同比指數、同期指數及定基指數等不同指數。對於月度調查數據，環比指數的基期為上月，同比指數的基期為上年同月，同期指數的基期為上年同期，定基指數的基期為選定的某個固定時間。

CPI 指數在測度時可用作補償指數（Compensation Index）、通貨膨脹指數、縮減指數等。價格指數的作用很多，比如：將消費的不同規格品總體的價值分解為價格與數量兩個成分；在一些指數基金及社會福利項目中對消費者總體消費價格變化進行補償；中央銀行對經濟總體通脹水準的度量；用於長期合同變更；勞工工資談判。

補償指數用於補償居民所消費的商品或服務價格的變化，或補償生活成本的變化，以抵消通貨膨脹對消費者購買力的影響。比如用於工資、津貼的指數化調整，用於對社會福利、公共養老金、稅款抵免、存款利率、資金收益和其他合同付款等進行指數化處理。若用於補償商品或服務價格的變化，應使用固定籃子指數框架，以補償貨幣購買力的變化；若用於補償生活成本的變化，則使用生活成本指數框架更為合理。

CPI 指數最常用於度量通貨膨脹水準，被政府機構用於監測經濟總體通貨膨脹情況，是大眾理解和知曉的測度通脹水準的基本指標。一般說來當 CPI 增幅高於 3% 時稱為通貨膨脹（Inflation）；高於 5% 時稱為嚴重通貨膨脹（Serious Inflation）。當然 CPI 指數用來度量通貨膨脹水準具有一定的局限性，因為 CPI 測度價格變化時只包括住戶的消費情況，沒有包括投資及政府、組織或機構消費的貨物及服務，特別是在中國目前居民消費在 GDP 中占比相對較低的情況下，這種局限性是比較明顯的。儘管如此，CPI 指數還是與通貨膨脹水準高度相關，能夠提示通貨膨脹方向、速度及拐點變化的重要信息，因而被眾多國家政府和中央銀行用來制定通貨膨脹目標，是市場經濟活動與政府貨幣政策的一個重要參考指標。事實上，CPI 穩定、就業充分及 GDP 增長往往是最重要的社會經濟目標。

CPI 指數有時也用作縮減指數，將 CPI 指數或其分類指數用於國民經濟核算中，用以對企業、行業、區域或國民帳戶進行價格調整，以便在長期數據分析中消除價格變化的影響，得到可比價格變化。當然這不是 CPI 測度的主要目的，事實上，如果要保持跟國民經濟核算一致，理論上縮減指數應該使用帕氏價格指數，但常規 CPI 指數是拉氏類型的價格指數。

由於獲得、支付及使用消費品和服務的時間可能不同，如何確定消費支出的範圍和權重可能會影響價格指數的計算，理論上有獲得法、支出法及使用法三種不同的處理方法，其中獲得法是 CPI 編製中最常用的方法。獲得法以消費者獲得消費品所有權的時間為準記錄價格和支出，當然對服務而言不存在所有權轉移問題，生產者提供服務和消費者接受服務是同時達成的，故以服務提供時間為準。獲得法不管支付發生的時間，相當於會計核算中的權責發生制。支付法也稱開支法，在支付發生時計入消費品或服務的價格，按總支付計算權重，而不管消費品所有權轉移或服務發生的時間，相當於會計核算中的收付實現制。使用法也稱消費法，根據實際消費的商品或服務的價值量確定價格和權重，強調消費產品的價值。三種方法對多數項目而言是一樣的，但在耐用消費品和某些服務的處理上存在重大差異。如果 CPI 指數的測度目標是通貨膨脹，那麼應該使用獲得法；如果 CPI 指數的測度目標是補償指數，那麼應該使用支付法；如果 CPI 指數的測度目標是衡量生活費用的變化或用作縮減指數，那麼應該使用消費法。

2.3 價格指數好壞的判斷標準

選擇不同的效用函數，選擇不同的固定籃子，或者建立不同的計量模型，人們可以從不同角度構建無數個價格指數的計算公式，從而得到不同的價格指數。在具體實踐中如何對不同指數進行取捨呢？或者說如何評價不同指數的好壞呢？理論上人們提出了很多價格指數好壞的判斷標準，一個好的價格指數需要能夠通過這些標準的檢驗或驗證。其中最核心的檢驗包括時間互換檢驗、因子互換檢驗和循環性檢驗。因此，統計指數好壞的檢驗又經常簡化為這三大檢驗。

時間互換檢驗要求價格指數在規格品的基期和報告期的價格和數量互換後，計算得到的價格指數等於互換之前價格指數的倒數，即兩者相乘等於 1。如果相乘大於 1，則存在向上的偏誤；反之，則存在向下的偏誤。應用到空間價格指數對比時，該檢驗也稱為基位互換檢驗。

从对第 3 章各价格指数的介绍中可以看到：个体指数能满足时间互换检验；简单指数中，除调和平均指数之外的其他指数均能满足该检验；未含交叉构造的基本加权指数中，只有固定加权的综合指数及几何平均指数能满足该检验，但经「型」或「权」交叉后的优指数都能满足该检验。可以证明，满足时间互换检验要求的加权指数都具有「交叉权重」或「固定权重」的特点。

对动态价格指数而言，时间互换检验本质上是要求指数具有时间上的对称反演性。但是有部分学者认为社会经济现象本质上是不可逆的，故而认为时间互换检验的要求没必要。

当价格指数的价格因子和数量因子互换后，即价格用数量替换、数量用价格替换后，可得到跟价格指数相对的物量指数。因子互换检验（Factor Reversal Test）是指价格指数乘以对应的物量指数等于两个时期的价值（即所有规格品的价格与数量相乘之和）之比。如果用 K_p 表示价格指数，对应的物量指数表示为 K_q，则因子互换检验要求下列等式成立：$K_p \times K_q = V = \dfrac{\sum P_i^1 Q_i^1}{\sum P_i^0 Q_i^0}$。

因子互换检验本质上要求指数构成中的价、量两个因素是对偶等价的。如果指数满足因子互换检验，则不会产生权偏误。但价格指数的因子互换检验要求在学术界并没得到一致认同，部分学者认为价格指数的因子互换检验要求没有必要。

价格与数量因素对偶的指数公式经几何平均形式交叉所得的指数，可完全满足因子互换检验要求，即：

$$\sqrt{K_p \dfrac{V}{K_q}} \times \sqrt{K_q \dfrac{V}{K_p}} = V$$

在第 3 章各价格指数的介绍中，Jevons、Dutot、Carli 等简单指数不能满足因子互换检验，拉氏、派氏等基本加权指数也不能通过因子互换检验；优指数中，Fisher 指数完全满足该检验要求，Törnqvist、Walsh 及马埃指数近似满足，且马埃指数近似程度较高。

循环性检验，指参考期与基期的链指数（Chained Price Index）等于对应时期的定基指数（Fixed Base Price Index）。如通过逐月环比指数（Chain Link Index）逐期相乘得到的链指数 $I_{0,3} = I_{0,1} \times I_{1,2} \times I_{2,3}$ 与第 3 期对 0 期的定基指数相等，则称满足循环性检验；如果不满足，则产生了链偏离。循环性检验要求任意个时间段上相互衔接的环比价格指数的连乘积为 1，时间互换检验可看成循环性检验的特殊情形。由数学归纳法可以证明，对任意三个时间 t_0、t_1、t_2，用 $I(t_0, t_1)$ 表示 t_1 期对 t_0 期的直接指数，如果该指数满足：

$$I(t_0, t_1) \times I(t_1, t_2) \times I(t_2, t_0) = 1 \tag{2.8}$$

則指數必滿足循環性要求。

在第 3 章涉及的各價格指數中，在簡單指數裡，Jevons、Dutot 指數能通過循環性檢驗，而 Carli 指數不能通過檢驗；基本加權指數中，只有固定加權的綜合指數及幾何平均指數滿足測驗；拉氏、派氏及 4 個優指數均不能滿足循環性要求。

循環檢驗包含兩個要求：第一個是基位互換要求；第二個是連續性要求，即定基指數等於環比指數連乘所得鏈指數。時間動態指數如果能夠滿足循環檢驗，則既可把時間上分割的不同時期的變動聯結起來進行統一考察，也可把長期變動分割為不同時期進行細緻研究。固定加權指數滿足循環性要求，但固定權重使用較久的話無法反應實際權重的變動，一旦對權重進行修改，則必破壞長期動態考察的連續性。

可以證明（Eichhorn，1978；Vogt & Barta，1997），一個設計合理的價格指數如果要滿足循環性檢驗要求，計算公式須有式（2.7）的計算形式：

$$I = \prod_{i=1}^{n} \left(\frac{P_i^1}{P_i^0}\right)^{S_i} \text{。}$$

其中 S_i 滿足要求：

$$\sum S_i = 1 \text{ 且 } S_i > 0, \quad i = 1, 2, \cdots, n$$

即只有單個價格比率的加權幾何平均才能滿足循環性要求。權重相同時其即為 Jevons 指數。因為權重跟消費的數量或份額無關，故這類指數沒法用在高級匯總指數裡。

Alterman、Diewert 和 Feenstra（1999）證明，如果 $\ln(P_i^t/P_i^{t-1})$ 及 S_i^t 隨時間線性變化，Törnqvist 指數嚴格滿足循環性要求。

在第 3 章介紹的指數中，實際計算表明，Fisher、Walsh、Törnqvist 等對稱加權指數公式，定基與鏈指數偏誤相對較小。時間序列的應用實踐中，基期一般 5 年左右會更換，在鏈偏誤累積到較大之前的基期更換，使得優指數能夠較好地滿足循環性要求。

有規律的季節波動、震盪或彈變數據（Bouncing Data，如促銷時顯著的價格下降再恢復過程）可能導致顯著的鏈偏移。比如一年後存在季節變化的規格品在價格和數量恢復原來的水準時，期間鏈指數不會為 1。

如果不滿足循環性要求，則定基指數與鏈指數是不相同的，存在鏈指數與定基指數的選擇問題，即什麼時候使用鏈指數更好。一個基本的規則是：如果相鄰兩期的價格與數量比更遠期間更為相似，則使用鏈指數更為合理，因為這時拉氏指數與派氏指數差值較小，這時使用鏈對稱加權指數更好。

除了三大檢驗外，價格指數還有很多其他檢驗。常見的檢驗包括：

同度量檢驗（Commensurability Test）——價格不變時，改變度量的單位指數保持不變。比如某種規格品的度量單位由千克改為噸時，其價格變為原來的1,000倍，但算出的指數不能改變。Dutot指數先對價格求算術平均，再求算術平均的相對變化，不能通過該檢驗。

恒等檢驗（Identity or Constant Prices Test）——比較期與基期同一規格品價格相同時，不管兩期的消費數量是否相等及發生怎樣的變化，指數都應為1。

固定籃子檢驗（Fixed Basket or Constant Quantities Test）——對固定籃子商品，當各商品數量在比較期與基期均保持不變時，價格指數應該等於比較期與基期的開支之比。

比例性檢驗——比較期各商品價格成比例變化時，所得指數也同比例變化，但如果是基期各商品價格發生同比例變化，則所得指數反比例變化。

對規模變動的不變性檢驗（Invariance to Proportional Changes in Base or Current Quantities）——當基期或比較期數量發生同比例變化時，價格指數保持不變。

商品互換檢驗（Commodity Reversal Test），指數中各商品順序變化時指數不變。

價格指數數量權重對稱性檢驗（Quantity Weights Symmetry Test）——也稱數量逆檢驗（Quantity Reversal Test），即當比較期與基期的數量交換時，所得指數保持不變。這意味著以數量做權構建價格指數時，比較期與基期的權重需要以對稱的形式進入公式。

平均值檢驗（Mean Value Test）——價格指數可看作N個價格比率P_i^1/P_i^0的某種形式的平均，故而其取值應該介於價格比率的最大值與最小值之間。

有界性檢驗（Bounding Test）——價格指數應該介於拉氏指數與派氏指數之間。

單調性檢驗（Monotonicity Test）——比較期價格較基期增長，指數也應增長。

Funke和Voeller（1978）曾經證明，能夠同時滿足時間逆檢驗、因子逆檢驗與數量逆檢驗的指數只有Fisher理想價格指數。

2.4 實證分析所用數據說明

實證分析具體指數計算過程中，消費數據來源於 Diewert、Artsev 和 Finkel（2009）。數據為以色列 1997 年 1 月—2002 年 12 月共 6 年 72 個月 7 類蔬菜月度平均價格及所占蔬菜消費開支的份額，數據見附錄表 1 及表 2。

7 種蔬菜包括卷心菜、花椰菜、黃瓜、土豆、胡蘿蔔、萵苣及茄子。其價格及所占開支份額隨時間的變化而變化的曲線如圖 2.1—圖 2.7 所示。

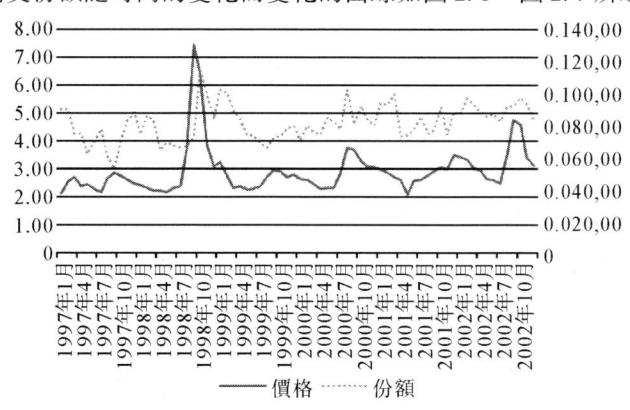

圖 2.1 卷心菜價格與開支份額

卷心菜價格隨時間變化存在波動性，沒有明顯的趨勢性，呈現一定週期性變化的特點，但週期性並不嚴格。所占開支份額也呈現波動性變化的特徵，但波動沒有價格波動大。

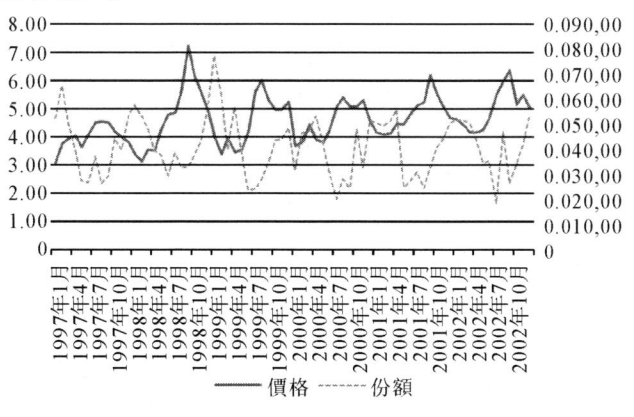

圖 2.2 花椰菜價格與開支份額

花椰菜價格隨時間變化存在波動性，大致呈現週期性變化的特點，週期性相對較強但也不嚴格，價格變化並沒有明確的趨勢。所占開支份額也呈現波動性變化的特徵。價格高時所占開支份額小，價格低時所占開支份額高，表明了較強的替代效應的存在。

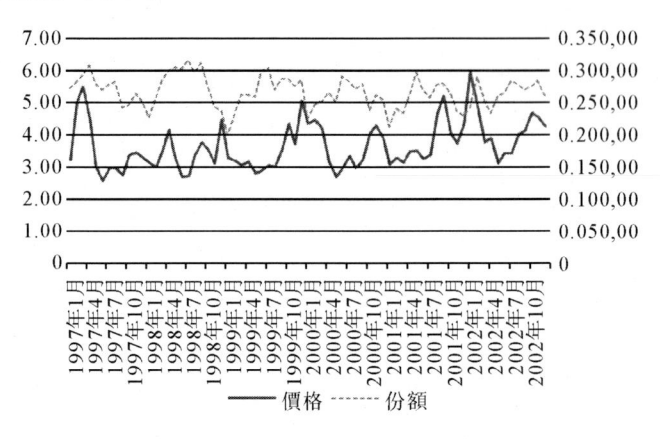

圖 2.3　黃瓜價格與開支份額

黃瓜價格隨時間變化存在波動性，大致呈現週期性變化的特點，週期性不是很嚴格，價格變化並沒有明確的趨勢。所占開支份額較大，也呈現出波動性變化的特徵。價格高時所占開支份額通常變小，價格低時所占開支份額變高，一定程度上表明了替代效應的存在。

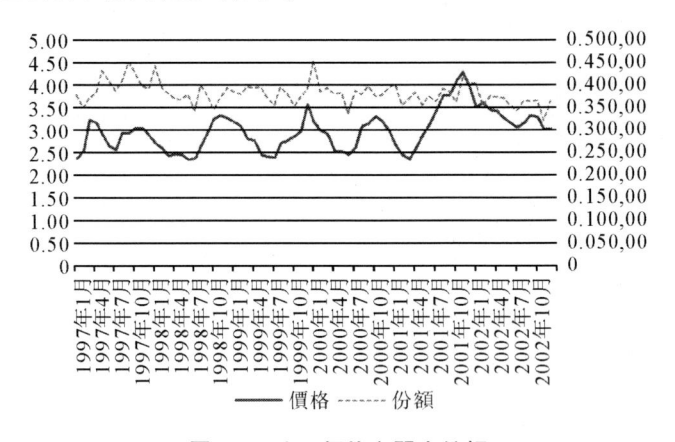

圖 2.4　土豆價格與開支份額

土豆價格隨時間變化存在波動性，具有一定週期性變化特點，但週期性也不是很充分，價格變化並沒有明確的趨勢。所占開支份額較大且較為穩定，雖然也呈現出一定波動性變化。替代效應不是非常明顯。

图 2.5　胡蘿蔔價格與開支份額

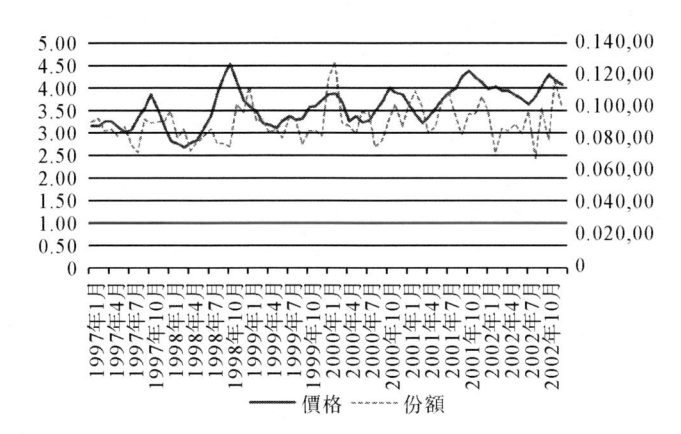

胡蘿蔔價格隨時間變化存在波動性，週期性不是很明顯，價格變化並沒有明確的趨勢。所占開支份額也呈現出波動性變化的特徵。一定程度上存在替代效應。

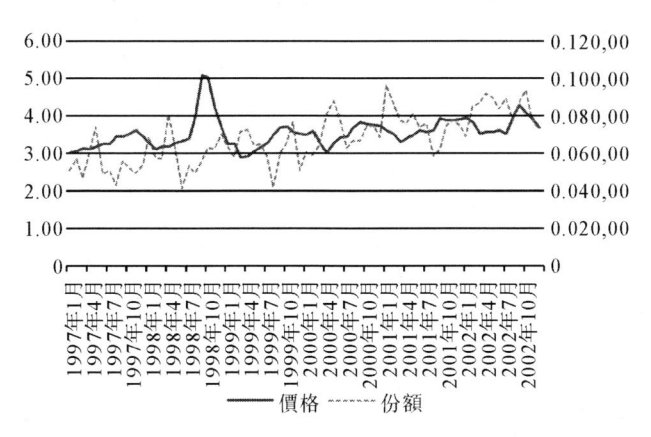

图 2.6　萵苣價格與開支份額

萵苣價格隨時間變化存在波動性，週期性不是很明顯，價格變化並沒有明確的趨勢。所占開支份額也呈現出波動性變化的特徵。

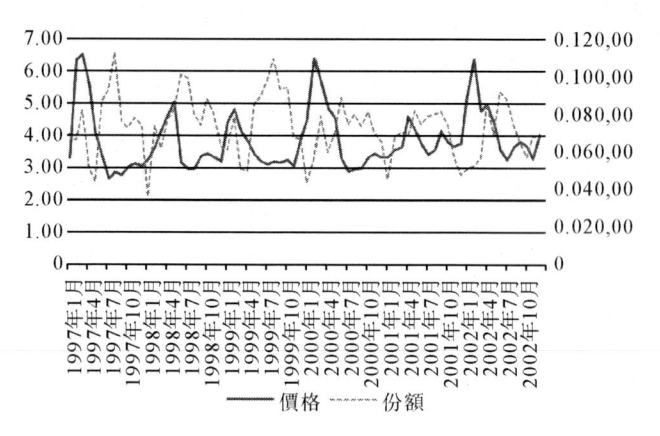

图 2.7 茄子價格與開支份額

　　茄子價格隨時間變化也存在波動性，週期性較為明顯，但沒有明確的趨勢。所占開支份額也呈現出波動性變化的特徵，並表現出較為明顯的替代效應。

　　從各蔬菜的價格及開支份額隨時間的變化而變化的曲線可以看到，各蔬菜價格變化的基本特點是：價格隨時間變化存在波動性，大致呈現週期性變化的特點，但週期性並不嚴格，價格變化並沒有明確的趨勢。各蔬菜所占開支份額也呈現波動性變化的特徵，部分蔬菜顯示出價格高時所占開支份額小、價格低時所占開支份額高的變化特徵，表明了替代效應的存在。

3 常見 CPI 所涉指數的計算方法

消費者價格指數是對一個固定的消費品籃子總體價格的衡量，反應消費者支付商品和服務的價格在不同時期的變化情況，用來作為度量通貨膨脹水準的工具，通常用百分比來表示。傳統 CPI 指數計算時一般先根據採集到的商品或服務（統稱為規格品）的價格數據先計算代表規格品的平均價格，根據不同代表規格品的平均價格計算基本分類價格指數，再根據不同基本分類的權重計算出類別價格指數，最後匯總出總 CPI 價格指數。

3.1 基本分類價格指數的計算

3.1.1 個體價格指數

最簡單的價格指數是個體價格指數，用以反應單個商品或服務前、後期的價格變動情況。其計算公式為：

$$I = \frac{P^1}{P^0} \tag{3.1}$$

個體價格指數滿足時間互換檢驗，因為有：

$$I(t_0, t_1) \times I(t_1, t_0) = \frac{P^1}{P^0} \times \frac{P^0}{P^1} = 1$$

個體價格指數也滿足因子互換檢驗，因為有：

$$K_p \times K_q = \frac{P^1}{P^0} \times \frac{Q^1}{Q^0} = V = \frac{P^1 Q^1}{P^0 Q^0}$$

個體價格指數也滿足循環性檢驗，對任意時間 t_0, t_1, t_2，有：

$$I(t_0, t_1) \times I(t_1, t_2) \times I(t_2, t_0) = \frac{P^{t_1}}{P^{t_0}} \times \frac{P^{t_2}}{P^{t_1}} \times \frac{P^{t_0}}{P^{t_2}} = 1$$

可見，個體價格指數具有完美的性質，但因為只能度量單個規格品的價格變化情況，故而應用場景並不多。

3.1.2 簡單價格指數

簡單價格指數在計算多種規格品的綜合價格指數時不考慮權重，即不考慮不同規格品消費的量的不同，簡單認為各消費項目權重相同，直接根據價格進行指數計算。與之相對的是加權價格指數，根據各消費項目的重要程度選擇不同權重進行計算。基本價格指數（Elementary Price Index）是根據相同類別不同代表規格品構造出的價格指數，是 CPI 指數計算時最基本的指數。傳統基本價格指數構建時不收集量的數據，只收集價格信息，故而只能使用簡單指數。

常見簡單指數包括 Carli 指數、Dutot 指數及 Jevons 指數。

Carli 指數為報告期與基期價格比值的算術平均：

$$I_c = \frac{1}{n} \sum_{i=1}^{n} \frac{P_i^1}{P_i^0} \tag{3.2}$$

對任意時間 t_0，t_1，可以證明以下結論：

$$I_c(t_0, t_1) \times I_c(t_1, t_0) = \frac{1}{n} \sum_{i=1}^{n} \frac{P_i^{t_1}}{P_i^{t_0}} \times \frac{1}{n} \sum_{i=1}^{n} \frac{P_i^{t_0}}{P_i^{t_1}} \geq 1$$

取等號的條件為基期與比較期所有商品價格保持不變。結果表明 Carli 指數存在向上的偏誤，不滿足時間互換檢驗，當然也就不能滿足循環性檢驗。同時，Carli 指數也不滿足因子互換檢驗。

Dutot 指數為報告期與基期價格算術平均的比值：

$$I_d = \frac{\frac{1}{n} \sum_{i=1}^{n} P_i^1}{\frac{1}{n} \sum_{i=1}^{n} P_i^0} \tag{3.3}$$

對任意時間 t_0，t_1，t_2，有

$$I_d(t_0, t_1) \times I_d(t_1, t_2) \times I_d(t_2, t_0) = \frac{\frac{1}{n} \sum_{i=1}^{n} P_i^{t_1}}{\frac{1}{n} \sum_{i=1}^{n} P_i^{t_0}} \frac{\frac{1}{n} \sum_{i=1}^{n} P_i^{t_2}}{\frac{1}{n} \sum_{i=1}^{n} P_i^{t_1}} \frac{\frac{1}{n} \sum_{i=1}^{n} P_i^{t_0}}{\frac{1}{n} \sum_{i=1}^{n} P_i^{t_2}} = 1$$

這表明 Dutot 指數滿足循環性要求，同時也就滿足時間互換檢驗。但是，Dutot 指數不滿足因子互換檢驗。

Jevons 指數為報告期與基期價格幾何平均的比值，也可理解為報告期與基期價格比率的幾何平均：

$$I_j = \frac{\left[\prod_{i=1}^{n} P_i^{\,1}\right]^{1/n}}{\left[\prod_{i=1}^{n} P_i^{\,0}\right]^{1/n}} = \left[\prod_{i=1}^{n} \frac{P_i^{\,1}}{P_i^{\,0}}\right]^{1/n} \quad (3.4)$$

對任意時間 t_0, t_1, t_2, 有

$$I_j(t_0,\ t_1) \times I_j(t_1,\ t_2) \times I_j(t_2,\ t_0) = \frac{\left[\prod_{i=1}^{n} P_i^{\,t_1}\right]^{1/n} \left[\prod_{i=1}^{n} P_i^{\,t_2}\right]^{1/n} \left[\prod_{i=1}^{n} P_i^{\,t_0}\right]^{1/n}}{\left[\prod_{i=1}^{n} P_i^{\,t_0}\right]^{1/n} \left[\prod_{i=1}^{n} P_i^{\,t_1}\right]^{1/n} \left[\prod_{i=1}^{n} P_i^{\,t_2}\right]^{1/n}} = 1$$

這表明 Jevons 指數滿足循環性檢驗，同時也就滿足時間互換檢驗。但是，Jevons 指數不滿足因子互換檢驗。Jevons 指數能通過大部分檢驗，並且從經濟意義上講，能夠反應規格品間的替代效應，是較好的基本價格指數。但該指數也存在一些缺陷，具體表現在：第一，其為非加權的幾何平均數，而 CPI 高層指數一般都是加權算術平均，故而不能用於高層指數計算；第二，不管是基期還是報告期，任一產品的價格不能為 0，表明 Jevons 指數不能用於存在價格缺失的情形，如果某種規格品沒有收集到價格數據，一定要用某種方法將缺失數據補充出來；第三，因為不允許存在規格品價格缺失，故而不能有規格品退出，也不能有新的規格品加入。

在上述簡單指數中，Carli 指數不能滿足時間互換檢驗、循環檢驗，Dutot 指數不能滿足同度量性檢驗，故而多數國家在計算非加權的基本價格指數時選擇 Jevons 指數，中國在計算基本分類指數時也一樣採用 Jevons 指數。

三種指數計算時均沒有使用數量信息，是非加權指數。但在某種意義上可以認為 Dutot 指數為隱含加權指數，因為：

$$I_d = \frac{\frac{1}{n}\sum_{i=1}^{n} P_i^{\,1}}{\frac{1}{n}\sum_{i=1}^{n} P_i^{\,0}} = \sum_{i=1}^{n} \frac{P_i^{\,1}}{\sum_{i=1}^{n} P_i^{\,0}} = \sum_{i=1}^{n} \frac{P_i^{\,0}}{\sum_{i=1}^{n} P_i^{\,0}} \frac{P_i^{\,1}}{P_i^{\,0}} = \sum_{i=1}^{n} \frac{P_i^{\,0}}{n\bar{P}^{\,0}} \frac{P_i^{\,1}}{P_i^{\,0}}$$

即為所有商品個體價格指數的加權平均，權重為 $\dfrac{P_i^{\,0}}{\sum_{i=1}^{n} P_i^{\,0}}$，為基期某商品價格與所有商品平均價格之比。這表明價格越高的個體其權重越高。

Jevons 指數、Dutot 指數及 Carli 指數實現非常簡單，其 R 程序代碼如下：

```
Jevons = function( p, basePeriod, compPeriod)
{
```

```
        result = mean( log( p[ ,compPeriod] ) - log( p[ ,basePeriod] ) )
        return( exp( result ) )
    }

Dutot = function( p, basePeriod, compPeriod )
    {
        result = mean( p[ ,compPeriod] )/mean( p[ ,basePeriod] )
        return( result )
    }

Carli = function( p, basePeriod, compPeriod )
    {
        result = mean( p[ ,compPeriod]/p[ ,basePeriod] )
        return( result )
    }
```

我們可以實際驗證 Carli 指數、Dutot 指數及 Jevons 指數的時間互換檢驗與因子互換檢驗。

首先讀入實證數據並進行必要的初始化處理：

```
p = read.csv( "以色列蔬菜月均價格數據.csv", header = TRUE )[ ,-1]
p = t( p )     #轉換為行為個體,列為時間
s = read.csv( "以色列蔬菜月度份額數據.csv", header = TRUE )[ ,-1]
s = t( s )
q = 1000 * s/p   #數量同比例變化不影響指數計算結果
N = dim( p )[1]
T = dim( p )[2]
```

選定基期和比較期，3 個簡單指數的時間互換檢驗結果如下：

```
> t1 = 1    #指定第 1 時間
> t2 = 21   #指定第 2 時間
> Jevons( p,t1,t2 ) * Jevons( p,t2,t1 )
```

```
[1] 1
> Dutot( p,t1,t2) * Dutot( p,t2,t1)
[1] 1
> Carli(p,t1,t2) * Carli(p,t2,t1)    #不能通過檢驗
[1] 1.18115
```

可以看出，Dutot 指數與 Jevons 指數通過了時間互換檢驗，但 Carli 指數不能通過該檢驗，存在向上的偏誤。

3 個簡單指數的因子互換檢驗結果：

```
> t1 = 1
> t2 = 21
> V = sum( p[ ,t2] * q[ ,t2])/sum( p[ ,t1] * q[ ,t1])  #計算比較期與基期價值之比
> Jevons(p,t1,t2) * Jevons(q,t1,t2) - V
[1] -0.07368019
> Dutot( p,t1,t2) * Dutot( q,t1,t2) - V
[1] 0.2603518
> Carli( p,t1,t2) * Carli( q,t1,t2) - V
[1] 0.1655573
```

價格指數乘以對應的物量指數減去兩個時間的價值比率等於 1 時，表明指數滿足因子互換檢驗，否則不滿足。實際檢驗結果表明，Jevons 指數、Dutot 指數及 Carli 指數均不能通過因子互換檢驗。

3.1.3 加權價格指數

考慮到每種物品在基期與報告期消費的數量很可能是不同的，使用加權指數可能更為合理。但如何選擇權重是一個複雜的問題，不同權重的選擇可以得到不同的指數，其中最常見的加權價格指數為拉氏指數與派氏指數。

按照式 (2.1) 計算生活成本指數時，我們根據比較期與基期的生活成本之比進行計算。生活成本為 $C = \sum P_i Q_i$，價格可以根據比較期與基期的價格進行計算，在計算價格指數時無疑義，但消費量存在比較期、基期或其他參照期數量的不同選擇，選擇方式不同可得到不同的指數計算公式及結果。從生活

成本指數的角度，理論上應該選擇維持相同生活水準消費的量，但由於存在不同商品或服務間的替代效應，維持相同生活水準並不一定要求維持每個規格品消費的數量不變。因此實際操作層面消費量並不好確定。應用中簡單的處理辦法是將其確定為基期的量、比較期的量或基期與比較期量的均值（又分為算術平均與幾何平均），於是分別得到拉氏（Laspeyres）指數、派氏（Paasche）指數、Marshall-Edgeworth 指數（簡稱馬埃指數）及 Walsh 指數。

拉氏指數計算時選擇基期的量，計算公式為：

$$I_l = \frac{P_1^1 \times Q_1^0 + \cdots + P_n^1 \times Q_n^0}{P_1^0 \times Q_1^0 + \cdots + P_n^0 \times Q_n^0} = \frac{\sum_{i=1}^{n} P_i^1 \times Q_i^0}{\sum_{i=1}^{n} P_i^0 \times Q_i^0} \tag{3.5}$$

派氏指數選擇比較期的量，計算公式為：

$$I_p = \frac{P_1^1 \times Q_1^1 + \cdots + P_n^1 \times Q_n^1}{P_1^0 \times Q_1^1 + \cdots + P_n^0 \times Q_n^1} = \frac{\sum_{i=1}^{n} P_i^1 \times Q_i^1}{\sum_{i=1}^{n} P_i^0 \times Q_i^1} \tag{3.6}$$

馬埃指數選擇基期與比較期量的算術平均，計算公式為：

$$I_{me} = \frac{\sum_{i=1}^{n} P_i^1 \frac{Q_i^1 + Q_i^0}{2}}{\sum_{i=1}^{n} P_i^0 \frac{Q_i^1 + Q_i^0}{2}} = \frac{\sum_{i=1}^{n} P_i^1 \bar{Q_i}}{\sum_{i=1}^{n} P_i^0 \bar{Q_i}} \tag{3.7}$$

在做不同區域間的價格比較時，使用馬埃指數存在一個缺陷：當大國與小國間進行價格比較時，大國的消費數量遠大於小國的數量，兩者進行算術平均時將主要由大國決定，小國的影響微乎其微。

Walsh 價格指數則選擇基期與比較期消費量的幾何平均，其計算公式為：

$$I_w = \frac{\sum_{i=1}^{n} P_i^1 \sqrt{Q_i^1 Q_i^0}}{\sum_{i=1}^{n} P_i^0 \sqrt{Q_i^1 Q_i^0}} \tag{3.8}$$

拉氏指數以基期數量計算報告期與基期的總價值，而派氏指數以報告期數量計算報告期與基期的總價值。若各種產品需求數量維持固定比例（其特殊情況是各產品消費的數量在比較期與基期保持不變），那麼拉氏指數、派氏指數、馬埃指數及 Walsh 指數的計算結果相同。但通常各種產品需求數量不成固定比例，所以各指數的計算結果存在差異。

在假設效用函數為 $U = AQ_1^{a_1} Q_2^{a_2} \cdots Q_n^{a_n}$ 的前提下，我們推導了真實生活成本指數的計算公式為式（2.7）：$I_t = \frac{C^1}{C^0} = \prod_{i=1}^{n}(\frac{P_i^1}{P_i^0})^{S_i}$，所得結果可以理解為加權的 Jevons 指數，權重為各規格品消費所占開支份額。實際計算時，也存在消費所占支出份額 S_i 的選擇問題，同樣可以選擇基期的份額 S_i^0、比較期的份額 S_i^1，或基期與比較期的平均份額 $(S_i^0 + S_i^1)/2$，於是得到 3 個真實生活成本指數的計算公式：

$$I_{lt} = \prod_{i=1}^{n}(\frac{P_i^1}{P_i^0})^{S_i^0} \qquad (3.9)$$

$$I_{pt} = \prod_{i=1}^{n}(\frac{P_i^1}{P_i^0})^{S_i^1} \qquad (3.10)$$

$$I_{ft} = \prod_{i=1}^{n}(\frac{P_i^1}{P_i^0})^{(S_i^0+S_i^1)/2} = \sqrt{I_{lt}I_{pt}} \qquad (3.11)$$

式（3.9）根據基期份額計算真實生活成本指數，我們將其稱為拉氏生活成本指數；式（3.10）根據比較期份額計算真實生活成本指數，我們將其稱為派氏生活成本指數；式（3.11）所得指數稱為 Törnqvist 指數，為前兩個指數的幾何平均，其消費份額為基期與比較期份額的算術平均。

上述各加權指數實現的 R 程序代碼如下：

```
##計算基期與報告期間的 N 個規格品間直接拉氏指數
LaIndex = function( p,q, basePeriod, compPeriod)
    {
        result = sum ( ( p [ , compPeriod ] * q [ , basePeriod ] ))/sum ( ( p [ , basePeriod ] * q [ ,basePeriod ] ) )
        return( result )
    }


##計算基期與報告期間的 N 個規格品間直接派氏指數
PaIndex = function( p,q, basePeriod, compPeriod)
    {
        result = sum( ( p[ ,compPeriod ] * q[ ,compPeriod ] ) )/sum( ( p[ ,basePeriod ] * q[ ,compPeriod ] ) )
        return( result )
    }
```

##計算 Marshall-Edgeworth 馬埃指數
MEIndex = function(p, q, basePeriod, compPeriod)
　　{
　　　　result = sum(((p [, compPeriod] * (q [, basePeriod] + q [, compPeriod]))))/sum((p[,basePeriod] * (q[,basePeriod]+q[,compPeriod])))
　　　　return(result)
　　}
##計算 Walsh 指數
Walsh = function(p, q, basePeriod, compPeriod)
　　{
　　　　result = sum(((p [, compPeriod] * sqrt(q [, basePeriod] * q [, compPeriod]))))/sum((p[,basePeriod] * sqrt(q[,basePeriod] * q [,compPeriod])))
　　　　return(result)
　　}

###
##採用基期份額計算的拉氏生活成本指數
LaJevons = function(p, q, basePeriod, compPeriod) ##以基期份額加權
　　{
　　　　s = p [, basePeriod] * q [, basePeriod]/sum((p [, basePeriod] * q [, basePeriod]))
　　　　result = sum(s * (log(p[, compPeriod]) - log(p[, basePeriod])))
　　　　return(exp(result))
　　}
##採用比較期份額計算的派氏生活成本指數
PaJevons = function(p, q, basePeriod, compPeriod) ##以比較期份額加權
　　{
　　　　s = p [, compPeriod] * q [, compPeriod]/sum((p [, compPeriod] * q [, compPeriod]))
　　　　result = sum(s * (log(p[, compPeriod]) - log(p[, basePeriod])))
　　　　return(exp(result))
　　}
##計算 Tornqvist 指數
Tornqvist = function(p, q, basePeriod, compPeriod)

```
          }
      result = sqrt( LaJevons( p, q, basePeriod, compPeriod ) * PaJevons( p, q,
basePeriod, compPeriod ) )
      return( result )
  }
```

我們也可對加權價格指數進行時間互換檢驗與因子互換檢驗。

選定基期和比較期，拉氏指數、派氏指數與拉氏生活成本指數、派氏生活成本指數的時間互換檢驗結果如下：

```
> t1 = 1
> t2 = 21
> LaIndex( p, q, t1, t2 ) * LaIndex( p, q, t2, t1 )  #不能通過檢驗
[1] 1.152294
> PaIndex( p, q, t1, t2 ) * PaIndex( p, q, t2, t1 )  #不能通過檢驗
[1] 0.8678338
> LaJevons( p, q, t1, t2 ) * LaJevons( p, q, t2, t1 )  #不能通過檢驗
[1] 1.03427
> PaJevons( p, q, t1, t2 ) * PaJevons( p, q, t2, t1 )  #不能通過檢驗
[1] 0.9668654
```

可以看到，拉氏指數、派氏指數與拉氏生活成本指數、派氏生活成本指數都不能通過時間互換檢驗。

拉氏指數、派氏指數與拉氏生活成本指數、派氏生活成本指數的因子互換檢驗結果如下：

```
> t1 = 1
> t2 = 21
> V = sum( p[ ,t2] * q[ ,t2] )/sum( p[ ,t1] * q[ ,t1] )
> LaIndex( p, q, t1, t2 ) * LaIndex( q, p, t1, t2 ) - V  #不能通過檢驗
[1] 0.1522944
> PaIndex( p, q, t1, t2 ) * PaIndex( q, p, t1, t2 ) - V  #不能通過檢驗
[1] -0.1321662
```

```
> LaJevons(p,q,t1,t2) * LaJevons(q,p,t1,t2)-V #不能通過檢驗
[1] -0.01096368
> PaJevons(p,q,t1,t2) * PaJevons(q,p,t1,t2)-V #不能通過檢驗
[1] 0.01029553
```

所得結果均不為0，表明拉氏指數、派氏指數與拉氏生活成本指數、派氏生活成本指數不能通過因子互換檢驗。

拉氏指數與派氏指數不能通過時間互換檢驗，存在型偏誤。也不能通過因子互換檢驗，存在權偏誤，但可以看到拉氏指數與派氏指數偏誤的方向是相反的：比如拉氏指數因子互換檢驗輸出結果為0.152,294,4，派氏指數結果為-0.132,166,2。拉氏指數與派氏指數不能通過時間互換檢驗當然，也就不能通過循環性檢驗，也就是說三大檢驗均不能通過。拉氏生活成本指數與派氏生活成本指數一樣也不能通過時間互換檢驗與因子互換檢驗，同樣存在型偏誤和權偏誤，二者偏誤方向也是相反的。拉氏生活成本指數與派氏生活成本指數也均不能通過三大檢驗。但實際數據計算表明，拉氏與派氏生活成本指數比拉氏與派氏指數的偏誤程度要低。

Fisher引入了優指數（Superlative Indexes）的概念。一個好的價格指數，需要能夠較好地接近生活成本指數。考慮到所消費商品或服務間的替代效應，拉氏指數是生活成本指數的上界。因為消費者效用只跟消費的數量相關，基期一定數量的商品所能獲得的消費者效用跟比較期同樣數量的商品所能獲得的效用相同。但考慮到替代效用，可用更低成本獲得同樣的效用，故拉氏指數誇大了生活成本。反過來，派氏指數是生活成本指數的下界。如果假設效用函數為$U = AQ_1^{a_1}Q_2^{a_2}\cdots Q_n^{a_n}$，可以嚴格證明所得真實物價指數與拉氏、派氏指數三者間有如下關係：$I_l \geq I_t \geq I_p$，證明過程見相關文獻（張金水，1995）。即真實物價指數居於拉氏指數與派氏指數之間。如果上界與下界隔得不是太遠的話，其幾何平均可認為是生活成本指數的很好的近似，所得指數稱為Fisher指數。Fisher指數的具體計算公式為：

$$I_{pt} = \sqrt{I_l I_p} = \sqrt{\frac{\sum_{i=1}^{n} P_i^1 Q_i^0}{\sum_{i=1}^{n} P_i^0 Q_i^0} \frac{\sum_{i=1}^{n} P_i^1 Q_i^1}{\sum_{i=1}^{n} P_i^0 Q_i^1}} \tag{3.12}$$

即Fisher指數為拉氏指數與派氏指數的幾何平均。前面式（3.11）我們提到，Törnqvist指數為拉氏生活成本指數與派氏生活成本指數的幾何平均。

Fisher認為優指數需要通過時間互換檢驗和因子互換檢驗。那麼，Fisher

指數、Törnqvist 指數以及前面提到的馬埃指數與 Walsh 指數是否滿足優指數的這兩個要求呢？

Fisher 指數、Törnqvist 指數、馬埃指數與 Walsh 指數的時間互換檢驗結果如下：

```
> t1 = 1
> t2 = 21
> Fisher(p,q,t1,t2) * Fisher(p,q,t2,t1)
[1] 1
> Tornqvist(p,q,t1,t2) * Tornqvist(p,q,t2,t1)
[1] 1
> MEIndex(p,q,t1,t2) * MEIndex(p,q,t2,t1)
[1] 1
> Walsh(p,q,t1,t2) * Walsh(p,q,t2,t1)
[1] 1
```

可以看到，Fisher 指數、Törnqvist 指數、馬埃指數與 Walsh 指數均可以通過時間互換檢驗，滿足時間可逆性要求。

Fisher 指數、Törnqvist 指數、馬埃指數與 Walsh 指數的因子互換檢驗結果如下：

```
> t1 = 1
> t2 = 21
> V = sum(p[,t2] * q[,t2])/sum(p[,t1] * q[,t1])
> Fisher(p,q,t1,t2) * Fisher(q,p,t1,t2) - V
[1] -2.220446e-16
> Tornqvist(p,q,t1,t2) * Tornqvist(q,p,t1,t2) - V
[1] -0.0003905935
> MEIndex(p,q,t1,t2) * MEIndex(q,p,t1,t2) - V
[1] -2.220446e-16
> Walsh(p,q,t1,t2) * Walsh(q,p,t1,t2) - V
[1] -0.003340499
```

可以看到，Fisher 指數、馬埃指數與 0 的誤差非常小，可以認為滿足因子互換要求；Törnqvist 指數、Walsh 指數雖然不完全滿足因子互換檢驗的要求，但跟 0 的誤差也很小：Törnqvist 指數的誤差小於千分之一，Walsh 指數的誤差雖然稍微大點，但也小於百分之一。事實上可以證明，Fisher 指數完全滿足對因子互換檢驗要求，而 Törnqvist、Walsh 及馬埃指數近似滿足，馬埃指數近似程度較高。

對 Fisher 指數，對式（3.12）中的價、量互換，得到對應的物量指數，然後跟價格指數相乘的結果為：

$$\sqrt{\frac{\sum_{i=1}^{n} P_i^1 Q_i^0 \sum_{i=1}^{n} P_i^1 Q_i^1}{\sum_{i=1}^{n} P_i^0 Q_i^0 \sum_{i=1}^{n} P_i^0 Q_i^1}} \times \sqrt{\frac{\sum_{i=1}^{n} Q_i^1 P_i^0 \sum_{i=1}^{n} Q_i^1 P_i^1}{\sum_{i=1}^{n} Q_i^0 P_i^0 \sum_{i=1}^{n} Q_i^0 P_i^1}} = \frac{\sum_{i=1}^{n} Q_i^1 P_i^1}{\sum_{i=1}^{n} Q_i^0 P_i^0}$$

價格指數跟物量指數相乘等於比較期與基期的價值之比，可見嚴格滿足因子互換要求。

對馬埃指數，可以證明（任棟等，2015）有下列近似公式：

$$\frac{\sum_{i=1}^{n} P_i^1 (Q_i^0 + Q_i^1)/2}{\sum_{i=1}^{n} P_i^0 (Q_i^0 + Q_i^1)/2} \times \frac{\sum_{i=1}^{n} Q_i^1 (P_i^0 + P_i^1)/2}{\sum_{i=1}^{n} Q_i^0 (P_i^0 + P_i^1)/2} \approx \frac{\sum_{i=1}^{n} Q_i^1 P_i^1}{\sum_{i=1}^{n} Q_i^0 P_i^0}$$

即馬埃指數近似滿足因子互換要求。

Fisher 指數、Törnqvist 指數與 Walsh 指數，被稱為 3 大優指數。優指數是對稱的，能夠較好地接近生活成本指數。由 Marshall（1887）與 Edgeworth（1925）提出的馬埃指數，跟拉氏與派氏指數不同的地方在於：其取基期與比較期消費數量的算術均值作為價格的權重，也具有對稱性，並認為是偽優指數（Pseudo-superlative Index）。所以我們將 Fisher 指數、Törnqvist 指數、Walsh 指數及馬埃指數統稱為 4 大優指數。前面我們用實際數據測試，表明 4 個指數完全滿足時間互換要求，完全或近似滿足因子互換要求，符合 Fisher 提出的優指數須滿足的條件。

Diewert（1978）曾經證明，4 個不同優指數在等價格與數量點（數量與價格向量相同）做泰勒展開時是二階近似的，一階與二階導數均相同。故基期與比較期價格與數量變化不是非常劇烈時，4 個優指數公式算出的結果是很接近的。並且可以證明，拉氏指數、派氏指數及 Fisher 指數的一階導數也相同，但二階導數各不相同，故只是一階近似，近似程度要小很多。

評價指數的三大檢驗中，除了時間互換與因子互換檢驗外，還有循環性檢驗要求。只有通過了循環性檢驗，才能消除鏈偏誤。計算基期與比較期間的各指數時有兩種計算思路：前面各公式的定義中，都是根據基期與比較期的價格、量或份額直接計算，稱為直接指數，有些文獻稱為定基指數；另外一個思路是從基期到比較期逐月（年）計算兩兩間的直接指數，再連乘起來得到最終結果，這稱為連結指數（Chain Index），也有文獻稱為鏈乘定基指數的。理想情況下，兩種方法所得指數應該相等，如果不相等，稱為存在鏈偏誤。

前述各簡單指數及加權指數的連結指數計算的程序如下：

```
linkIndex = function(p,q, fromPeriod, toPeriod, method = "LaIndex")
{
    result = 1
    if (fromPeriod >= toPeriod) return(result)
#時間上向後連結,故要求終止時間大於起始時間
    for (t in (fromPeriod+1):toPeriod) {
        if (method == "Carli") result = result * Carli(p,t-1,t)
        if (method == "Dutot") result = result * Dutot(p,t-1,t)
        if (method == "Jevons") result = result * Jevons(p,t-1,t)
        if (method == "LaJevons") result = result * LaJevons(p,q,t-1,t)
        if (method == "PaJevons") result = result * PaJevons(p,q,t-1,t)
        if (method == "LaIndex") result = result * LaIndex(p,q,t-1,t)
        if (method == "PaIndex") result = result * PaIndex(p,q,t-1,t)
        if (method == "Fisher") result = result * Fisher(p,q,t-1,t)
        if (method == "Tornqvist") result = result * Tornqvist(p,q,t-1,t)
        if (method == "Walsh") result = result * Walsh(p,q,t-1,t)
        if (method == "MEIndex") result = result * MEIndex(p,q,t-1,t)
    }
    return(result)
}
```

前面的實際測試表明4個優指數能夠完全或近似通過3大檢驗的前面兩個檢驗，但能否通過循環性檢驗呢？

選定基期與比較期，計算定基直接指數與定基鏈乘指數之差，如果等於0，表明滿足循環性要求。以下為循環性檢驗的實際測試結果：

> fromPeriod = 1; toPeriod = 21
> linkIndex(p,q,fromPeriod,toPeriod,method = "Fisher") - Fisher(p,q,fromPeriod,toPeriod)

[1] -0.1052215

> linkIndex(p,q,fromPeriod,toPeriod,method = "Tornqvist") - Tornqvist(p,q,fromPeriod,toPeriod)

[1] -0.08384649

> linkIndex(p,q,fromPeriod,toPeriod,method = "Walsh") - Walsh(p,q,fromPeriod,toPeriod)

[1] -0.08651005

> linkIndex(p,q,fromPeriod,toPeriod,method = "MEIndex") - MEIndex(p,q,fromPeriod,toPeriod)

[1] -0.1198972

可以看到，用連結指數跟直接指數相減，沒有一個等於 0 的，表明 4 個優指數均存在鏈偏誤，不滿足循環性要求。

那麼前面提到的簡單指數與普通加權指數是否滿足循環性檢驗要求呢？實際測試結果如下：

> fromPeriod = 1; toPeriod = 21
> linkIndex(p, q, fromPeriod, toPeriod, method = "Carli") - Carli(p, fromPeriod,toPeriod)

[1] 0.06697514

> linkIndex(p, q, fromPeriod, toPeriod, method = "Dutot") - Dutot(p, fromPeriod,toPeriod) #可通過

[1] -4.440892e-16

> linkIndex(p,q,fromPeriod,toPeriod,method = "Jevons") - Jevons(p,fromPeriod,toPeriod) #可通過

[1] -2.220446e-16

> linkIndex(p,q,fromPeriod,toPeriod,method = "LaJevons") - LaJevons(p,q,fromPeriod,toPeriod)

[1] -0.1179904

> linkIndex(p,q,fromPeriod,toPeriod,method = "PaJevons")-PaJevons(p,q,fromPeriod,toPeriod)

[1] -0.05000253

> linkIndex(p,q,fromPeriod,toPeriod,method = "LaIndex")-LaIndex(p,q,fromPeriod,toPeriod)

[1] -0.08032624

> linkIndex(p,q,fromPeriod,toPeriod,method = "PaIndex")-PaIndex(p,q,fromPeriod,toPeriod)

[1] -0.1256837

可以看到，簡單指數中 Carli 指數不能通過循環性檢驗，Dutot 指數與 Jevons 指數可滿足循環性檢驗要求；而拉氏指數、派氏指數及拉氏生活成本指數、派氏生活成本指數等加權指數均不能滿足循環性檢驗要求。

3.1.4 GEKS 指數

前面介紹的各指數計算用於對同一國家或區域內不同時間的價格對比變化。有時需要對同一時間不同國家或地區間的價格進行比較（比如購買力平價計算），這時顯然不能使用前面引入的各指數計算方法。為解決這一問題，Gini（1931）、Elteto 和 Koves（1964）以及 Szulc（1964）等人提出多邊價格指數，用於不同國家或地區間空間價格的比較。用他們的名字首字母，該指數稱為 GEKS 指數。

GEKS 指數是比較國與基國對所有實體單位雙邊價格指數比率的幾何平均數，其中每個實體單位都作一次基。假設有 M 個實體，P_{jl} 表示以實體 j 為基，實體 j、l 間的雙邊價格指數，稱為基礎價格指數，基礎價格指數要求滿足雙邊指數單位互換檢驗（Entity Reversal Test），或稱實體逆檢驗：$P^{jl} = 1/P^{lj}$。則實體 j 和 k 間的 GEKS 指數可以表示為：

$$P_{\text{GEKS}}^{jk} = \prod_{l=1}^{M} \left(\frac{P^{lk}}{P^{lj}}\right)^{1/M} = \prod_{l=1}^{M} (P^{jl} \times P^{lk})^{1/M} \tag{3.13}$$

這樣可使得 GEKS 價格指數滿足循環性和傳遞性的要求：$P_{\text{GEKS}}^{jk} \times P_{\text{GEKS}}^{kl} = P_{\text{GEKS}}^{jl}$。

滿足循環與傳遞性後，指數與作為基的國家和連結路徑的選擇無關。並且容易證明，如果基礎價格指數本身滿足因子互換要求，則 GEKS 也滿足因子互換檢驗的要求。

Ivancic 等（2009）將時間空間化理解，可將 GEKS 指數的思路用於一個國家或地區不同時間的價格變化比較。將每個時期看作一個實體，參考期（基期）為 0，比較期（報告期）包括 $t = 1, 2, \cdots, T$，這樣可得到 $T+1$ 個實體。按照式（3.13），時期 0 和 t 間的 GEKS 指數可以寫成：

$$P_{GEKS}^{0t} = \prod_{l=0}^{T} \left(\frac{P^{lt}}{P^{l0}}\right)^{1/(T+1)} = \prod_{l=0}^{T} (P^{0l} \times P^{lt})^{1/(T+1)} = \prod_{\tau=1}^{t} P_{GEKS}^{\tau-1, \tau} \quad (3.14)$$

第二個等式要求基礎價格指數滿足時間逆檢驗，即 $P^{\tau t} = 1/P^{t\tau}$，第三個等式從循環性檢驗的性質可推出。即 0 到 t 期間的直接 GEKS 指數等於一個逐期的鏈指數，故而沒有鏈式漂移，指數能免受鏈偏離的影響。

將 GEKS 指數思路用於常規時間領域，如果選擇 Fisher 指數等優指數作為基礎價格指數，可使得 GEKS 指數同時滿足時間互換檢驗、因子互換檢驗及循環性檢驗，滿足三大檢驗要求，這是該方法的最大好處，解決了優指數不能滿足循環性要求導致的鏈偏移問題。另外一個好處是所有雙邊比較都能使用靈活商品籃子而非固定籃子，能夠最大限度地利用在任意兩個時期內所有能夠匹配的規格品價、量信息，因而較好地解決了數據缺失問題及舊產品退出、新產品進入的問題。

實現 GEKS 的代碼如下，該程序實現的基礎價格指數包括簡單指數 Jevons、加權指數 LaJevons、PaJevons、LaIndex、PaIndex、優指數 Fisher、Törnqvist、Walsh、MEIndex：

```
#begin 為移動窗口的起始點,end 為移動窗的結束點
#fromPeriod,toPeriod 為指數計算的基期與比較期,其取值範圍應該在[begin,end]內
GEKS=function(p,q, fromPeriod, toPeriod, begin, end, method = "Fisher")
    {
    biIndex1=rep(1,end-begin+1) #儲存雙邊指數
    biIndex2=biIndex1
    for (t in begin:end) {
      if (method == "Jevons") {biIndex1[t-begin+1]=Jevons(p,q,fromPeriod,t);biIndex2[t-begin+1]=Jevons(p,q,toPeriod,t)}
      if (method == "LaJevons") {biIndex1[t-begin+1]=LaJevons(p,q,fromPeriod,t);biIndex2[t-begin+1]=LaJevons(p,q,toPeriod,t)}
      if (method == "PaJevons") {biIndex1[t-begin+1]=PaJevons(p,q,
```

fromPeriod,t);biIndex2[t-begin+1]=PaJevons(p,q,toPeriod,t)}

  if (method == "LaIndex") {biIndex1[t-begin+1] = LaIndex(p,q,fromPeriod,t);biIndex2[t-begin+1]=LaIndex(p,q,toPeriod,t)}

  if (method == "PaIndex") {biIndex1[t-begin+1] = PaIndex(p,q,fromPeriod,t);biIndex2[t-begin+1]=PaIndex(p,q,toPeriod,t)}

  if (method == "Fisher") {biIndex1[t-begin+1]=Fisher(p,q,fromPeriod,t);biIndex2[t-begin+1]=Fisher(p,q,toPeriod,t)}

  if (method == "Tornqvist") {biIndex1[t-begin+1] = Tornqvist(p,q,fromPeriod,t);biIndex2[t-begin+1]=Tornqvist(p,q,toPeriod,t)}

  if (method == "Walsh") {biIndex1[t-begin+1]=Walsh(p,q,fromPeriod,t);biIndex2[t-begin+1]=Walsh(p,q,toPeriod,t)}

  if (method == "MEIndex") {biIndex1[t-begin+1] = MEIndex(p,q,fromPeriod,t);biIndex2[t-begin+1]=MEIndex(p,q,toPeriod,t)}

 }

 result=mean(log(biIndex1)-log(biIndex2))

 return(exp(result))

}
```

我們可以用實際數據測試 GEKS 指數的因子互換檢驗，其結果如下：

```
> t1 = 1
> t2 = 21
> V=sum(p[,t2]*q[,t2])/sum(p[,t1]*q[,t1])
> T=dim(p)[2]
> GEKS(p,q,t1,t2,1,T,"Fisher")*GEKS(q,p,t1,t2,1,T,"Fisher")-V
[1] -2.220446e-16
> GEKS(p,q,t1,t2,1,T,"Tornqvist")*GEKS(q,p,t1,t2,1,T,"Tornqvist")-V
[1] -0.0003233817
> GEKS(p,q,t1,t2,1,T,"MEIndex")*GEKS(q,p,t1,t2,1,T,"MEIndex")-V
[1] -1.430246e-08
> GEKS(p,q,t1,t2,1,T,"Walsh")*GEKS(q,p,t1,t2,1,T,"Walsh")-V
```
```

[1] -0.001623264

>

> GEKS(p,q,t1,t2,1,T,"LaIndex") * GEKS(q,p,t1,t2,1,T,"LaIndex")
-V

[1] -0.08165356

> GEKS(p,q,t1,t2,1,T,"PaIndex") * GEKS(q,p,t1,t2,1,T,"PaIndex")
-V

[1] 0.08891368

可以看到，GEKS 指數能否通過因子互換檢驗完全取決於基礎價格指數，基礎價格指數能夠通過的話 GEKS 指數也能通過；反之亦然。當基礎價格指數使用 Fisher 指數、Törnqvist 指數、馬埃指數與 Walsh 指數等優指數時，GEKS 指數能夠通過或大致通過因子互換檢驗，而使用拉氏或派氏指數時，GEKS 指數不能通過因子互換檢驗。

3.1.5 滾動年 GEKS（RYGEKS）指數

Ivancic 等人引入的 GEKS 指數的思路雖然能夠通過三大檢驗，解決鏈偏誤問題，但存在一個重大缺陷：在實際應用中，每當出現新一期的消費數據而計算新的價格指數時，需要重新計算所有的前期價格指數數據，違反時間固定性原則，持續不斷的指數修正是統計機構和社會大眾無法接受的。為解決這一問題，Ivancic 等（2009）提出滾動年 GEKS 方法（Rolling Year GEKS），簡稱 RYGEKS 方法，用於不同時間的價格比較。該方法解決了指數持續修正問題，也較好地解決了優指數鏈偏移的問題，因而得到廣泛重視和應用。目前很多國家都把 RYGEKS 指數作為基準價格指數，與各自國家的編製方法所得結果進行對比，以判斷各國所使用的指數編製方法的偏誤大小。

為了保證使用新時期數據時不用修正前期計算出的價格指數數據，Ivancic 等（2009）提出了 RYGEKS 指數方法，本質上該方法就是一個加窗 GEKS 指數，其計算思路如下：

首先設置前面 0 至 T 期為一個計算窗口，窗口內共有 $T+1$ 期消費數據，基於該窗口內的數據可計算出窗口內任意兩期間的 GEKS 指數。在計算 0 與 t 期間的 RYGEKS 指數 P_{RYGEKS}^{0t} 時，如果 $t \leq T$，則 0 與 t 期間的 GEKS 指數即為 P_{RYGEKS}^{0t}；否則，先得到 0 與 T 期間的 GEKS 指數 P_{RYGEKS}^{0T}，當出現 $T+1$ 期的消費數據時，將新的數據加入窗口，並將最舊的 0 期數據移出窗口，保持窗寬不變，這樣窗口內的數據為 1 到 $T+1$ 期的數據，根據窗口內數據計算出 T 到 $T+1$ 期間的 GEKS 指數 $P_{\text{RYGEKS}}^{T(T+1)}$，於是 0 到 $T+1$ 期間的 RYGEKS 指數為 $P_{\text{RYGEKS}}^{0(T+1)} = P_{\text{RYGEKS}}^{0T} \times P_{\text{RYGEKS}}^{T(T+1)}$；依此類推，可得到所有的 RYGEKS 指數。這樣新的指數用新的窗口數據進行計算更新，舊的指數維持原有計算的結果不變，不用重新對以前的價格指數進行更新。

跟常規鏈乘定基指數進行對比，RYGEKS 指數的唯一區別，就是在計算 t 到 $t+1$ 期的指數時，傳統方法只使用 t、$t+1$ 期的數據進行計算，而 RYGEKS 指數計算除使用 t、$t+1$ 期的數據外，還使用 $t-1$、$t-2$ 等共 $T+1$ 期的數據進行計算，以消除鏈偏移。

考慮到很多規格品消費存在季節性變化，在計算月度價格指數時，Ivancic 等建議將窗口寬度選為 13 個月，稱為一個擴大年。這樣一方面考慮到了季節性變化的影響，窗口寬度也不大不小。此時 RYGEKS 指數計算的公式如下 ($t>13$)：

$$P_{\text{RYGEKS}}^{0t} = P_{\text{RYGEKS}}^{0(t-1)} \prod_{\tau=t-12}^{t} \left[\frac{P_{\text{RYGEKS}}^{\tau t}}{P_{\text{RYGEKS}}^{\tau(t-1)}}\right]^{1/13} = P_{\text{RYGEKS}}^{0(t-1)} \prod_{\tau=t-12}^{t} \left[P_{\text{RYGEKS}}^{(t-1)\tau} P_{\text{RYGEKS}}^{\tau t}\right]^{1/13} \quad (3.15)$$

Ivancic 等建議的窗口寬度選為 13 個月未必是一個最佳的選擇，具體選擇多少合適還需要進行研究。如果選擇其他移動窗寬，可能稱該方法為移動窗 GEKS 更為合適。

RYGEKS 指數能通過時間逆檢驗、因子逆檢驗和循環性檢驗，具有良好的指數性質，在可比項目中能充分使用，但如果項目不可比（比如出現質量變化），還需要進行質量調整。

RYGEKS 指數的實現代碼如下：

RYGEKS = function(p, q, fromPeriod, toPeriod, method = "Fisher")
｛
##如果比較期與基期位於起始移動窗口內，則計算此窗口內多邊指數後直接返回。
##注意要求滿足 fromPeriod+12<T
result = GEKS(p, q, fromPeriod, toPeriod, fromPeriod, fromPeriod + 12, method)
if (fromPeriod+13>toPeriod)   return(result)
result = GEKS(p, q, fromPeriod, fromPeriod+12, fromPeriod, fromPeriod+12, method)

```
        for ( t in ( fromPeriod+13 ) :toPeriod) {
            result = result * GEKS( p,q, t-1, t, t-12,t, method)
        }
        return( result )
    }
```

此程序移動窗寬按照 Ivancic 等的建議固定為 13 個月，我們也可以靈活選擇任意窗寬進行滾動窗 GEKS 指數計算，並命名為 RYGEKSX 指數，其實現代碼如下：

```
####移動窗口寬度可改變
RYGEKSX = function( p, q, fromPeriod, toPeriod, winWidth = 13, method = "Fisher" )
    {
        ##如果比較期與基期位於起始移動窗口內,則計算此窗口內多邊指數後直接返回。
        result = GEKS ( p, q, fromPeriod, toPeriod, fromPeriod, fromPeriod + winWidth-1, method)
        if ( fromPeriod+winWidth>toPeriod )   return( result )
        result = GEKS( p,q, fromPeriod, fromPeriod+( winWidth-1) ,fromPeriod, fromPeriod+( winWidth-1) , method)
        for ( t in ( fromPeriod+winWidth) :toPeriod) {
            result = result * GEKS( p,q, t-1, t, t-( winWidth-1) ,t, method)
        }
        return( result )
    }
```

3.1.6　價格指數的計量模型計算與解釋

前面的價格指數計算方法基於生活成本指數或一籃子價格指數的思路，是經濟學或描述統計的方法。也可以從計量模型的思路進行分析，Diewert (2004)，Ivancic、Diewert 和 Fox (2009) 以及 de Haan 和 Krsinich (2012, 2014) 等人提出了價格指數的隨機模型計算與解釋。這種計量模型的思路不僅可得到價格指數的計算結果，還可得到其區間估計，是一種很有前景的方法。

假設有 M 個規格品，基於它們比較期與基期的價格與數量（份額）數據，來估計比較期與基期的價格指數 α。我們知道任意一個價格指數都可以理解為每一規格品價格相對變化（比較期與基期的價格之比）的某種形式的加權平均。從計量模型的角度，可以認為每個規格品的價格相對變化都可以用來度量價格指數 α，當然都存在度量誤差，記為 ε_i，假設度量誤差均值為 0，方差為 σ^2，則有如下等式：

$$\frac{P_i^1}{P_i^0} = \alpha + \varepsilon_i \tag{3.16}$$

從計量模型的角度，式（3.16）可以看作只有截距項而沒有解釋變量的迴歸模型，則 α 的最小二乘估計為：$\alpha = \frac{1}{M} \sum_{i=1}^{M} \frac{P_i^1}{P_i^0}$，這樣得到的估計結果其實就是 Carli 指數。

式（3.16）假設度量誤差為加法形式，如果認為誤差為乘法形式 $\frac{P_i^1}{P_i^0} = \alpha U_i$，令 $\varepsilon_i = \ln U_i$，計量模型變為：

$$\ln\left(\frac{P_i^1}{P_i^0}\right) = \ln(\alpha) + \varepsilon_i \tag{3.17}$$

則不難發現參數的最小二乘估計結果就是 Jevons 指數。

以上計量模型均假設不同規格品的價格相對變化是獨立同分佈的，這通常不符合實際情況。另外一個問題是假設不同規格品擁有相同的權重，沒有按照不同規格品的經濟重要性進行加權處理，用計量的術語來講，就是存在異方差問題。

Diewert（2005）提出了優指數的隨機解釋。基本分類中假設有 M 種商品，1 期為比較期，0 期為基期。用參數 α 表示比較期對基期的價格指數，用參數 β_m 表示第 m 個規格品的質量調整因子，假設比較期與基期各商品的價格滿足：$P_m^0 \approx \beta_m$，$P_m^1 \approx \alpha \beta_m$。本質上相當於假設兩期的價格向量成比例變化，滿足 $P_m^1 \approx \alpha P_m^0$，當然不會嚴格相等，存在誤差，上式兩邊取對數並加入誤差項，可得到兩個迴歸方程：

$\ln P_m^0 = \ln \beta_m + \varepsilon_m^0$

$\ln P_m^1 = \ln \alpha + \ln \beta_m + \varepsilon_m^1$

這可看作 Hedonic 質量調整迴歸方程式（8.1）的簡化形式，沒有加入規格品的特徵變量。如果認為是同方差的，兩個迴歸式相減，容易得到對數價

指數 $\ln\alpha$ 的最小二乘估計：$\ln\hat{\alpha} = \dfrac{1}{M}\sum_{m=1}^{M}(\ln P_m^1 - \ln P_m^0) = \dfrac{1}{M}\sum_{m=1}^{M}\ln(P_m^1/P_m^0)$，即：$\hat{\alpha} = \prod_{m=1}^{M}(P_m^1/P_m^0)^{1/M}$，於是得到 Jevons 價格指數。這其實就是式（3.17）的思路。

求解過程中使用相同的權重通常並不合理。假設比較期與基期第 m 個規格品所占開支份額分別為 s_m^1，s_m^0，如果使用以下加權最小二乘進行參數求解：

$$\min \sum [s_m^0(\ln P_m^0 - \ln\beta_m)^2 + s_m^1(\ln P_m^1 - \ln\alpha - \ln\beta_m)^2] \qquad (3.18)$$

定義調和均值函數：$h(a, b) = \dfrac{2ab}{a+b}$，則容易得到式（3.18）的解：

$$\ln\hat{\alpha} = \sum_{m=1}^{M} h(s_m^0, s_m^1)\ln(P_m^1/P_m^0) \Big/ \sum_{m=1}^{M} h(s_m^0, s_m^1)$$

可以證明，這樣得到的指數估計與 Fisher、Törnqvist、Walsh 與馬埃指數等 4 個優指數二階近似。

如果加權最小二乘的目標函數改為：

$$\min \sum \left[\dfrac{s_m^0 + s_m^1}{2}(\ln P_m^0 - \ln\beta_m)^2 + \dfrac{s_m^0 + s_m^1}{2}(\ln P_m^1 - \ln\alpha - \ln\beta_m)^2\right] \qquad (3.19)$$

估計結果直接得到 Törnqvist 指數計算公式。

上述方式只考慮了比較期與基期兩期的情形。當存在強季節性商品時，可將兩期擴展到多期（1, 2, ⋯, T，稱為一個擴展年度）進行處理。此時假設 $P_m^c \approx \alpha^c P_m^1$，如果考慮到各期的商品種類可能發生變化，比如一些商品退出，一些商品加入，用 $S(c)$ 表示第 c 期的商品集，於是迴歸方程變為：

$\ln P_m^1 = \ln\beta_m + \varepsilon_m^1 \quad m \in S(1)$

$\ln P_m^c = \ln\alpha^c + \ln\beta_m + \varepsilon_m^c \quad c = 2, 3, \cdots, T; \quad m \in S(c)$

於是 $\alpha^1(=1)$，α^2，⋯，α^T 為該擴展年度不同月份的價格指數，β_1，β_2，⋯，β_M 為 M 個商品的質量調整因子。這樣所得到的模型稱為 Time Product Dummy（TPD）模型。

該方法的好處包括：對稱地處理擴展年中的每個月，不用特別選擇基期；利用了擴展年中每月的價格信息；能夠自動處理缺失數據或強季節數據，不用考慮特別的處理方法；沒有鏈漂移問題。

但 TPD 方法跟 GEKS 方法一樣存在一個重要問題，即當新出現數據時所有過去計算的指數都會改變，存在指數持續更新問題。當然跟使用滾動年解決 GEKS 指數持續更新的思路類似，可以使用滾動年方法進行處理，所得方法稱為 RYTPD 法：每當有新加入的月度數據時，去掉最舊一月的數據，重新計算

最後兩期的指數 $\alpha^{(T-1)*}$、α^{T*}，於是根據鏈乘規則可得到最新月份的價格指數 $\alpha^T \times \alpha^{T*}/\alpha^{(T-1)*}$。

這裡沒有考慮權重問題，更合理的方法是考慮不同商品重要性的差異，使用加權的方法進行處理。

考慮更為一般的情形：假設有 T 個連續月度、N 件商品，每件商品有 K 個經銷商，於是總共有 TNK 個價格採樣。假設統計模型為：

$$P_{tnk} = a_t b_n u_{tnk} \quad t = 1, 2, \cdots, T; n = 1, 2, \cdots, N; k = 1, 2, \cdots, K$$

其中 a_t、b_n 為待估參數，分別為平均價格水準及測量因子的乘積單位，u_{tnk} 為均值為 1 的常方差獨立同分佈誤差項。模型兩邊取對數，得到：

$$Y_{tnk} = \alpha_t + \beta_n + \varepsilon_{tnk}$$

其中 $Y_{tnk} = \ln P_{tnk}$，$\alpha_t = \ln a_t$，$\beta_n = \ln b_n$，$\varepsilon_{tnk} = \ln u_{tnk}$。模型為虛擬變量模型，求解時需要對 α_t、β_n 系數進行歸一化，使得 $\alpha_1 = 0$，這樣 $a_1 = 1$，從而 α_t 變為對 1 期的價格指數。容易求得 α_t 的最小二乘估計：

$$\alpha_t = \left(\prod_{n=1}^{N} \prod_{k=1}^{K} \frac{P_{tnk}}{P_{1nk}} \right)^{\frac{1}{NK}}$$

這實際上就是 Jevons 指數。

這是 TPD 方法的結果，沒有考慮權重，也沒有考慮價格缺失及不同商品經銷商變化的問題。假設 t 期 n 個商品的經銷商數為 $K(t, n)$，其為 0 時表示價格缺失，Q_{tnk} 表示對應的銷量。先定義 t 期開支所占份額：

$$s_{tnk} = \frac{P_{tnk} Q_{tnk}}{\sum_{n=1}^{N} \sum_{k=1}^{K(t,n)} P_{tnk} Q_{tnk}}$$

則加權 TPD，記為 WTPD（Weighted Time Product Dummy），其目標函數為：

$$\min_{\alpha_t, \beta_n} \sum_{t=1}^{T} \sum_{n=1}^{N} \sum_{k=1}^{K(t,n)} s_{tnk} (Y_{tnk} - \alpha_t - \beta_n)^2 \qquad (3.20)$$

此即為以 s_{tnk} 為權的加權最小二乘。

可以證明，當任意兩期的價格與開支份額相同時，所得指數估計結果也是相同的，表明 WTPD 指數無鏈偏移問題。

Ivancic、Diewert 和 Fox（2009）建議使用移動加窗 WTPD 方法解決指數更新問題，得到 RYWTPD 方法。經驗研究表明，RYWTPD 所得價格指數結果一般略小於 RYGEKS（Ivancic, Diewert, & Fox, 2009; de Haan & Krsinich, 2012, 2014）。該方法容易實現，不需對缺失數據進行假設計算，對稱處理每期的價格數據，是一種有前景的指數計算方法。

RYGEKS 與 RYWTPD 方法對新出現的商品不進行處理，比如在滾動窗的最後一期出現一個新商品時，其對本期及前期的指數計算沒影響。對此，de Haan 和 Krsinich（2012，2014）提出了一種時間啞元 Hedonic 迴歸的解決方案。

3.2 匯總價格指數的計算

3.2.1 拉氏、派氏指數的變形

在算出基本分類指數後，需要逐級匯總，最後得到一個總的價格指數。中國目前匯總類環比指數是按照如下公式進行指數匯總的：

$$I^{t-1,t} = \sum W^{t-1} \frac{P^t}{P^{t-1}} \tag{3.21}$$

其中 P^t 為匯總類的下級各分類的月度環比指數，可以理解為該分類的價格；W^t 為權重，可以理解為該分類所占消費開支的份額，當然指數計算時一般假設權重是幾年內不隨時間改變的。這本質上屬於定基拉氏指數公式，因為對拉氏指數計算公式（3.5），可以變形為：

$$I_l = \sum_{i=1}^{n} (s_i^0 \times \frac{P_i^1}{P_i^0}) \tag{3.22}$$

因為：

$$I_l = \frac{\sum_{i=1}^{n} P_i^1 \times Q_i^0}{\sum_{i=1}^{n} P_i^0 \times Q_i^0} = \sum_{i=1}^{n} (\frac{Q_i^0}{\sum_{i=1}^{n} P_i^0 \times Q_i^0} \times P_i^1) = \sum_{i=1}^{n} (\frac{P_i^0 Q_i^0}{\sum_{i=1}^{n} P_i^0 \times Q_i^0} \times \frac{P_i^1}{P_i^0})$$

$$= \sum_{i=1}^{n} (s_i^0 \times \frac{P_i^1}{P_i^0})$$

其中 $s_i^0 = \dfrac{P_i^0 Q_i^0}{\sum_{i=1}^{n} P_i^0 \times Q_i^0}$ 為第 i 種商品在基期的消費支出占總支出的份額。可見，中國指數匯總公式本質上採用的是拉氏指數公式。

用類似的方法，易得到定基派氏指數公式的改寫式：

$$I_p = \frac{1}{\sum_{i=1}^{n} (s_i^1 \times \frac{P_i^0}{P_i^1})} \tag{3.23}$$

其中 $s_i^1 = \dfrac{P_i^1 Q_i^1}{\sum_{i=1}^{n} P_i^1 \times Q_i^1}$ 為第 i 種商品在比較期的消費支出占總支出的份額。

得到環比指數後,通過鏈乘可得到定基指數:

$$I^{0,\,t} = I^{t-1,\,t} \times I^{0,\,t-1} = I^{t-1,\,t} \times I^{t-2,\,t-1} \times \cdots \times I^{0,\,1} \tag{3.24}$$

3.2.2 雙基期價格指數

實際應用中很多時候在月度指數計算時並不會真的使用如式(3.22)或(3.23)基期或比較期的消費量或開支份額作為權重,而是使用年度權重。比如中國匯總指數時就是使用的基期之前的抽樣調查所得開支份額作為權重進行計算。這實際上存在價格與權重兩個參考基期,於是可得到拉氏與派氏公式新的不同變形的雙基期價格指數。

Lowe 指數是用得較多的雙基期價格指數,其計算公式為:

$$I_{Lo} = \dfrac{\sum_{i=1}^{n} P_i^1 \times Q_i^b}{\sum_{i=1}^{n} P_i^0 \times Q_i^b} = \sum_{i=1}^{n} \left(\dfrac{P_i^0 Q_i^b}{\sum_{i=1}^{n} P_i^0 \times Q_i^b} \times \dfrac{P_i^1}{P_i^0} \right) \tag{3.25}$$

其中 Q_i^b 為權重基期的消費量。Lowe 指數跟拉氏指數有點類似,但又不完全相同,可看成拉氏指數的變形。拉氏指數計算時使用基期的消費量,派氏指數使用比較期的量,但在統計實踐中,量或份額常常在基期之前通過調查方式獲得,並在計算月度指數時較長時間(一年以上)保持不變。該指數計算中可以認為有兩個基期:一個為常規意義上指數計算的價格的參考基期;另外一個為指數計算時量或份額所選用的不同基期,並且該基期一般早於價格參考基期。這樣 Lowe 指數可看成維持籃子規格品數量不變時生活成本的變化量。使用固定籃子商品時,即要求不同商品數量在不同期保持不變,價格指數的問題在於忽略了替代效應的存在,從而高估了價格指數。

Lowe 指數與對應的拉氏指數所得結果一般不同,但在下面情況下兩個指數相等:比較期與基期各商品價格成比例變化;各商品數量在權重與價格雙基期成比例變化。但當價格變化存在長期趨勢且存在正常的消費者替代效應的前提下,Lowe 指數大於拉氏指數,並且量的參考基期越遠,兩者的差異越大。

Young 指數的計算公式為:

$$I_{Yo} = \sum_{i=1}^{n} \left(s_i^b \times \dfrac{P_i^1}{P_i^0} \right) \tag{3.26}$$

Young 指數也可看成拉氏指數的變形,採用消費份額方式計算指數時基期每種規格品的份額假設為事先選定的另外一個基期的份額。該指數也可看成加權 Carli 指數。當存在長期價格變化趨勢時，如果消費者對價格變化的替代效應非常強，則 Young 指數大於拉氏指數；反之，替代效應不是那麼強時，Young 指數則小於拉氏指數。

也就是說，Lowe 指數與 Young 指數均可能大於拉氏指數，從而不滿足指數的有界性檢驗。Young 指數還有另外兩個變形，從而得到幾何 Young 指數與調和 Young 指數。

幾何 Young 指數（Geometric Young Index）的計算公式為：

$$\ln I_{GY} = \sum_{i=1}^{n} (s_i^b \times \ln \frac{P_i^1}{P_i^0}) \tag{3.27}$$

調和 Young 指數（Harmonic Young Index）的計算公式為：

$$I_{HY} = \frac{1}{\sum_{i=1}^{n} (s_i^b \times \frac{P_i^0}{P_i^1})} \tag{3.28}$$

調和 Young 指數可看成派氏指數的變形。採用消費份額方式計算指數時報告期每種規格品的份額假設為事先選定的另外一個基期的份額。

跟拉氏指數與派氏指數幾何平均得到 Fisher 指數類似，求 Young 指數與調和 Young 指數的幾何平均，可得到近似 Fisher 指數（Approximate Fisher Index）：

$$I_{AF} = \sqrt{I_{Yo} I_{HY}} \tag{3.29}$$

瑞士在進行高級指數匯總時採用 Lowe 指數公式，並在每年 12 月重新更新權重。而中國編製價格指數時使用的價格匯總公式為 Young 指數，每 5 年進行一次大的權重調整。這些雙基期價格指數匯總方法的缺點是消費的數量或開支份額跟價格是不匹配的，優點是使用延遲的消費數量或開支份額數據便於及時計算指數。在計算即時指數時可用 Lowe 或 Young 指數替代拉氏指數，因為價格是時點數據，通常可以即時獲得；但消費數量或開支份額是期間數據，獲得通常會有延遲。

3.2.3　指數匯總的分類不變性問題

各國統計機構在計算最終匯總價格指數時，一般都會分類分步進行指數計算，而不是直接基於規格品的價、量或份額信息一步完成指數計算。指數的分步計算不僅方便數據收集和指數計算，還能提供更豐富的不同層級的價格指數信息。比如中國會將代表規格品分為 8 個大類 262 個基本分類，先計算基本分類價格指數，最後計算大類指數，再計算最終 CPI 匯總指數。隨著時間的推移，不同規格品的類屬可能會調整。比如中國在 2016 年 1 月，就將「菸酒」和原「食品」大類合併為「食品菸酒」，另外新增「其他用品和服務」大類。因為各規格品的不同歸類是人為選擇和確定的，理想的價格指數，不應該隨著各規格品類別歸屬的不同而發生變化。也就是說，價格指數的分類別逐步計算匯總跟由各商品價、量信息一步計算的結果應該是相同的。那麼常見的哪些價格指數計算方法具有這樣的特徵呢？

除了基本價格指數計算可能使用不加權計算方法外，價格指數匯總計算時一般都使用加權指數，指數計算時會涉及各商品的價格與銷量（或所占開支份額）的問題。原始商品數據信息中，基期與比較期各商品的價、量及所占開支份額是明確的。在基於所得分類指數進一步匯總計算大類指數時，每個分類所得價格指數可認為是其比較期的價格，對應基期的價格自然為 1。基期與比較期的量可根據價值不變原則進行計算，即用分類中各商品價格與量的乘積之和除以對應的價格指數而得到。所占開支份額自然由分類中各商品所占開支份額之和而得到。有了價、量或份額數據，計算匯總指數就很容易了。

通過直接計算可以證明，如果分步指數計算時各步指數計算均使用拉氏或派氏指數，則分步計算與一步直接計算所得指數結果是嚴格相等的；而使用 Fisher 指數、Törnqvist 指數等優指數，則分步計算與一步計算所得指數並不嚴格相等。但是如果以比較期與基期兩期的價格向量與數量向量相等點做泰勒展開，則是二階近似的（Diewert，1978），故而可以認為它們是大致相同的。

中國價格指數在計算基本分類價格指數時使用 Jevons 指數，匯總計算時使用拉氏指數的變形形式 Young 指數，不能滿足分類不變性要求，即商品類別歸屬的變化會導致最終匯總指數的顯著差異。後面我們會通過實際計算驗證這一結論。

3.3 實際價格指數的計算

3.3.1 年同比指數的計算

經濟分析和日常生活中經常用到年同比指數，即某年某月跟上年同月對比的價格指數。消費品價格一般都存在季節性變化，使用年度同比指數可較好去除價格季節性波動對指數的影響，具有較好的可比性，故而用得非常廣泛。

我們用 2.4 節提到的以色列實際蔬菜價格數據計算 Jevons 指數、Dutot 指數、Carli 指數等三個簡單指數，以及用得非常廣泛的拉氏、派氏與 Fisher 指數等加權指數。

指數計算有兩種思路。一種計算思路是基於基期與比較期兩個時間進行指數直接計算，比如用 2000 年 7 月跟 1998 年 7 月價格與數量數據直接計算，得到所謂定基指數。另外一種方法是鏈式計算，如用 2000 年 7 月跟 1999 年 7 月的指數與 1999 年 7 月跟 1998 年 7 月的指數相乘得到 2000 年 7 月對基年 1998 年 7 月的指數，從而得到所謂鏈乘指數。如果沒有鏈偏離，兩者結果應該相等；如果不等的話，則表明存在鏈偏離。

以 1997 年 7 月為基期，直接計算後續各年 7 月的定基年度指數，其代碼如下：

```
t1 = 7 #以 1997 年 7 月為價格指數計算的基期
x = array(1, dim = c(6,6))    #用於存儲計算結果
for (i in 1:5) {
t2 = t1 + 12 * i
x[1, i+1] = Jevons(p, t1, t2)
x[2, i+1] = Dutot(p, t1, t2)
x[3, i+1] = Carli(p, t1, t2)
x[4, i+1] = LaIndex(p, q, t1, t2)
x[5, i+1] = PaIndex(p, q, t1, t2)
x[6, i+1] = Fisher(p, q, t1, t2)
}
t(X) #列出計算出的各指數
```

計算出的各年 7 月的年同比價格指數如表 3.1 所示。

表 3.1　以 1997 年 7 月為基期的各年 7 月年同比價格指數（定基指數）

	Jevons	Dutot	Carli	拉氏指數	派氏指數	Fisher 指數
1997-07	1.000	1.000	1.000	1.000	1.000	1.000
1998-07	1.037	1.042	1.040	0.976	0.970	0.973
1999-07	1.080	1.096	1.084	1.023	1.018	1.021
2000-07	1.116	1.113	1.120	1.090	1.083	1.086
2001-07	1.207	1.200	1.210	1.242	1.231	1.236

表3.1(續)

	Jevons	Dutot	Carli	拉氏指數	派氏指數	Fisher 指數
2002-07	1.173	1.176	1.174	1.178	1.171	1.175
均值	1.102	1.104	1.105	1.085	1.079	1.082
均值差	0.020	0.023	0.023	0.003	-0.003	0.000

其中均值指同一指數的不同年度指數的算術平均值，均值差指各指數均值與 Fisher 指數均值的差。

可以看出，用不同方法計算出的每年7月的年同比價格指數各不相同，不僅數字大小不同，變化的方向都可能不一樣。比如對1998年7月而言，Fisher指數下降了0.027，顯示價格下降，而 Jevons 指數上升了0.037，顯示價格上漲，指數變化方向相反，有較大差異。對同一比較期，加權指數拉氏指數均大於派氏指數，Fisher 優指數居於中間，但三者是比較接近的。但 Jevons、Dutot、Carli 指數則偏離 Fisher 優指數較遠。如果以 Fisher 優指數作為標尺，平均而言，拉氏指數高0.003，派氏指數低0.003，差異較小；但幾個簡單指數偏差較大，Jevons 指數高0.020，Dutot 指數高0.023，Carli 指數高0.023，對價格指數而言，這已是較大的偏差。

如果按鏈式方式計算各指數，以1997年7月為基期計算鏈式年度同比指數，其代碼如下：

```
t1 = 7 #以1997年7月為價格指數計算的基期
x = array(1, dim = c(6,6))
for (i in 1:5) {
  t2 = t1 + 12 * i
  x[1,i+1] = chainedIndex(p,q,t1,t2,12,method = "Jevons")
  x[2,i+1] = chainedIndex(p,q,t1,t2,12,method = "Dutot")
  x[3,i+1] = chainedIndex(p,q,t1,t2,12,method = "Carli")
  x[4,i+1] = chainedIndex(p,q,t1,t2,12,method = "LaIndex")
  x[5,i+1] = chainedIndex(p,q,t1,t2,12,method = "PaIndex")
  x[6,i+1] = chainedIndex(p,q,t1,t2,12,method = "Fisher")
}
t(x)
```

各指數按照鏈式計算所得結果如表 3.2 所示：

表 3.2　　　　以 1997 年 7 月為基期的各年 7 月年
同比價格指數（鏈乘指數）

	Jevons	Dutot	Carli	拉氏指數	派氏指數	Fisher 指數
1997-07	1.000	1.000	1.000	1.000	1.000	1.000
1998-07	1.037	1.042	1.040	0.976	0.970	0.973
1999-07	1.080	1.096	1.085	1.030	1.016	1.023
2000-07	1.116	1.113	1.127	1.098	1.084	1.091
2001-07	1.207	1.200	1.229	1.263	1.219	1.241
2002-07	1.173	1.176	1.196	1.203	1.160	1.181
均值	1.102	1.104	1.113	1.095	1.075	1.085
均值差	0.017	0.020	0.028	0.010	-0.010	0.000

同樣可以看到，使用不同方法計算出的指數結果也各不相同，包括指數數字大小及上升、下降的方向都可能不一樣。跟直接計算的結果一樣，拉氏指數大於派氏指數，Fisher 指數居於兩者中間，但三者也是比較接近的。而 Jevons、Dutot、Carli 指數則偏離 Fisher 優指數較遠。

對表 3.1、表 3.2 的計算結果進行對比，可以看出，Jevons 指數、Dutot 指數鏈式計算跟直接計算的指數結果相同，表明兩個指數無鏈偏離。其他各指數除 1998 年 7 月第一個同比指數外，後續各年所得指數均跟直接計算所得結果不同，表明存在鏈偏離。比如對 2002 年 7 月，Fisher 定基指數為 1.175，而鏈乘指數為 1.181，相差 0.006。

3.3.2　權重固定時加權年同比指數的計算

實踐中計算加權指數時，由於權重數據採集遠比價格數據採集困難，故而常常採用一段時間固定權重不變的思路進行加權指數計算，比如中國通常 5 年更換一次權重，5 年內維持固定的權重不變。這就涉及雙基期價格指數的計算。

我們以 1998 年 7 月為基期，但以 1997 年 7 月的消費量或消費所占開支份額作為權重，計算 1999 年 7 月至 2002 年 7 月對 1998 年 7 月的雙基期年同比價格指數，指數計算採用直接計算的方式，其代碼如下：

```
s0 = matrix(rep(s[,7],T),N,T)    #以 1997 年 7 月的份額為基,並維持不變
q0 = matrix(rep(q[,7],T),N,T)    #以 1997 年 7 月的量為基,並維持不變
t1 = 19 #計算以 1998 年 7 月為基期的雙基期年同比指數
x = array(1,dim = c(6,5))    #用於存儲計算出的指數
for (i in 1:4) {
t2 = t1+12 * i
x[1,i+1] = LoweIndex(p,q0,t1,t2)
x[2,i+1] = YoungIndex(p,s0,t1,t2)
x[3,i+1] = gYoungIndex(p,s0,t1,t2)
x[4,i+1] = hYoungIndex(p,s0,t1,t2)
x[5,i+1] = aFisher(p,s0,t1,t2)
x[6,i+1] = Fisher(p,q,t1,t2)
}
t(x)
```

計算出的雙基期價格指數,如表 3.3 所示:

表 3.3   雙基期年同比定基指數

日期	Lowe 指數	Young	幾何 Young	調和 Young	近似 Fisher	Fisher 指數
1998 年 7 月	1.000	1.000	1.000	1.000	1.000	1.000
1999 年 7 月	1.048	1.050	1.048	1.047	1.048	1.051
2000 年 7 月	1.117	1.122	1.118	1.113	1.118	1.118
2001 年 7 月	1.272	1.282	1.273	1.264	1.273	1.262
2002 年 7 月	1.207	1.216	1.211	1.206	1.211	1.203
均值	1.129	1.134	1.130	1.126	1.130	1.127
均值差	0.002	0.007	0.003	-0.001	0.003	0.000

均值差為以 Fisher 指數均值為參照,各指數算術平均值跟 Fisher 指數均值之差。可以看到,Lowe 指數、Young 指數與 Fisher 指數相比,差異較為明顯。近似 Fisher 指數與 Fisher 指數的差異相對較小。這也表明中國使用固定權重的 Young 指數編製方法存在較大誤差。幾何 Young 指數與近似 Fisher 指數極為接近,表中取 3 位有效數字時完全相同。

3.3.3 Mudgett Stone 年度指數

價格指數計算時經常涉及年度指數的計算。Mudgett（1955）與 Stone（1956）提出一種不同的年度指數計算思路：將一年中不同月份的同一商品看成不同商品，比如假設每月有 7 種商品，則 1 年 12 個月的 7 種商品可看成 84 種不同商品，然後直接對 84 種商品用常規指數的計算方法進行指數計算。

以 1997 年為基期，計算 1998—2002 年的 Mudgett Stone 年度指數，分別計算拉氏、派氏與 Fisher 指數，指數計算分別採用直接定基計算與鏈乘計算的方式。其代碼如下：

```
#將一年 12 個月 7 種不同商品轉化為 84 種不同商品
s1 = matrix(s, N*12, T/12)
q1 = matrix(q, N*12, T/12)
p1 = matrix(p, N*12, T/12)

t1 = 1 #設置 1997 年為基年
x = array(1, dim = c(6,6))
for (i in 1:5) {
    t2 = t1+i
    x[1,i+1] = LaIndex(p1,q1,t1,t2)
    x[2,i+1] = PaIndex(p1,q1,t1,t2)
    x[3,i+1] = Fisher(p1,q1,t1,t2)
    x[4,i+1] = chainedIndex(p1,q1,t1,t2,1,method = "LaIndex")
    x[5,i+1] = chainedIndex(p1,q1,t1,t2,1,method = "PaIndex")
    x[6,i+1] = chainedIndex(p1,q1,t1,t2,1,method = "Fisher")
}
write.table(t(x), file ="Mudgett Stone 年度指數的計算.csv", sep = ",")
```

計算出的 Mudgett Stone 年度指數如表 3.4 所示：

表 3.4　以 1997 年為基年的 Mudgett Stone 年度指數

年度	拉氏指數（直接）	派氏指數（直接）	Fisher 指數（直接）	拉氏指數（鏈乘）	派氏指數（鏈乘）	Fisher 指數（鏈乘）
1997	1.000	1.000	1.000	1.000	1.000	1.000
1998	1.017	0.983	1.000	1.017	0.983	1.000
1999	1.014	0.986	1.000	1.026	0.969	0.997
2000	1.057	1.041	1.049	1.080	1.010	1.045
2001	1.140	1.085	1.112	1.164	1.052	1.107
2002	1.194	1.167	1.180	1.259	1.099	1.176

可以看到，直接與鏈乘得到的 Fisher 指數差異不算大，但拉氏與派氏指數差異較大。

3.3.4　月定基指數的計算

定基於 1997 年 1 月，分別將每月的數據跟定基月的數據直接計算雙邊指數得到月度定基指數，其程序代碼如下：

```
t1 = 1 #以第一個月為基期
x = array(1,dim = c(6,T))
for (i in 1:(T-1)) {
t2 = t1 + 1 * i
x[1,i+1] = Jevons(p,t1,t2)
x[2,i+1] = Dutot(p,t1,t2)
x[3,i+1] = Carli(p,t1,t2)
x[4,i+1] = LaIndex(p,q,t1,t2)
x[5,i+1] = PaIndex(p,q,t1,t2)
x[6,i+1] = Fisher(p,q,t1,t2)
}
t(x)
```

分別計算了 3 個加權指數拉氏指數、派氏指數、Fisher 指數及 3 個簡單指數 Jevons 指數、Dutot 指數、Carli 指數。計算出的月度定基指數如表 3.5 所示：

表 3.5　　　　　　　　以 1997 年 1 月為基期的月定基指數

日期	Jevons	Dutot	Carli	拉氏指數	派氏指數	Fisher 指數
1997 年 1 月	1.000	1.000	1.000	1.000	1.000	1.000
1997 年 2 月	1.249	1.302	1.283	1.272	1.224	1.247
1997 年 3 月	1.346	1.395	1.381	1.441	1.411	1.426
1997 年 4 月	1.255	1.283	1.273	1.312	1.290	1.301
1997 年 5 月	1.103	1.103	1.109	1.107	1.089	1.098
1997 年 6 月	1.041	1.046	1.051	1.012	0.986	0.999
1997 年 7 月	1.030	1.043	1.046	1.022	0.996	1.009
1997 年 8 月	1.117	1.120	1.134	1.117	1.069	1.093
1997 年 9 月	1.121	1.125	1.143	1.111	1.074	1.092
1997 年 10 月	1.174	1.171	1.184	1.187	1.176	1.182
1997 年 11 月	1.155	1.151	1.161	1.178	1.166	1.172
1997 年 12 月	1.091	1.086	1.096	1.111	1.103	1.107
1998 年 1 月	1.039	1.033	1.043	1.055	1.058	1.056
1998 年 2 月	1.014	1.011	1.018	1.020	1.018	1.019
1998 年 3 月	1.057	1.067	1.063	1.047	1.040	1.043
1998 年 4 月	1.110	1.132	1.122	1.124	1.117	1.120
1998 年 5 月	1.118	1.148	1.136	1.068	1.054	1.061
1998 年 6 月	1.053	1.071	1.072	0.987	0.951	0.969
1998 年 7 月	1.068	1.087	1.088	1.001	0.960	0.980
1998 年 8 月	1.279	1.297	1.319	1.201	1.131	1.166
1998 年 9 月	1.608	1.683	1.764	1.501	1.303	1.398
1998 年 10 月	1.566	1.600	1.668	1.479	1.363	1.420
1998 年 11 月	1.353	1.360	1.389	1.306	1.256	1.281
1998 年 12 月	1.295	1.296	1.309	1.341	1.325	1.333
1999 年 1 月	1.237	1.230	1.248	1.234	1.229	1.232
1999 年 2 月	1.182	1.183	1.191	1.189	1.180	1.185
1999 年 3 月	1.099	1.106	1.107	1.096	1.079	1.087

表3.5(續)

日期	Jevons	Dutot	Carli	拉氏指數	派氏指數	Fisher 指數
1999 年 4 月	1.070	1.068	1.073	1.083	1.075	1.079
1999 年 5 月	1.016	1.016	1.019	0.990	0.984	0.987
1999 年 6 月	1.047	1.053	1.054	1.004	0.983	0.993
1999 年 7 月	1.112	1.143	1.140	1.049	1.009	1.029
1999 年 8 月	1.175	1.204	1.209	1.119	1.067	1.093
1999 年 9 月	1.208	1.220	1.230	1.175	1.142	1.158
1999 年 10 月	1.255	1.263	1.268	1.261	1.237	1.249
1999 年 11 月	1.203	1.210	1.217	1.207	1.190	1.198
1999 年 12 月	1.360	1.371	1.374	1.447	1.434	1.440
2000 年 1 月	1.264	1.267	1.267	1.308	1.304	1.306
2000 年 2 月	1.334	1.368	1.353	1.329	1.301	1.315
2000 年 3 月	1.288	1.317	1.303	1.274	1.261	1.267
2000 年 4 月	1.115	1.134	1.126	1.076	1.060	1.068
2000 年 5 月	1.095	1.109	1.106	1.035	1.020	1.027
2000 年 6 月	1.075	1.082	1.083	1.026	1.011	1.019
2000 年 7 月	1.150	1.161	1.172	1.117	1.081	1.099
2000 年 8 月	1.240	1.251	1.282	1.215	1.151	1.183
2000 年 9 月	1.263	1.266	1.295	1.245	1.189	1.217
2000 年 10 月	1.324	1.323	1.339	1.337	1.316	1.327
2000 年 11 月	1.325	1.330	1.339	1.337	1.314	1.325
2000 年 12 月	1.255	1.252	1.263	1.251	1.243	1.247
2001 年 1 月	1.162	1.158	1.172	1.114	1.117	1.116
2001 年 2 月	1.142	1.141	1.149	1.086	1.083	1.084
2001 年 3 月	1.104	1.107	1.112	1.043	1.039	1.041
2001 年 4 月	1.196	1.208	1.204	1.138	1.129	1.134
2001 年 5 月	1.174	1.190	1.181	1.164	1.151	1.158
2001 年 6 月	1.218	1.223	1.227	1.201	1.177	1.189

表3.5(續)

日期	Jevons	Dutot	Carli	拉氏指數	派氏指數	Fisher 指數
2001年7月	1.244	1.252	1.259	1.267	1.228	1.247
2001年8月	1.351	1.360	1.366	1.444	1.413	1.429
2001年9月	1.480	1.500	1.498	1.540	1.513	1.526
2001年10月	1.414	1.416	1.430	1.480	1.435	1.457
2001年11月	1.376	1.375	1.395	1.470	1.436	1.453
2001年12月	1.401	1.390	1.414	1.478	1.466	1.472
2002年1月	1.503	1.513	1.515	1.574	1.532	1.553
2002年2月	1.491	1.504	1.504	1.512	1.490	1.501
2002年3月	1.316	1.312	1.321	1.332	1.316	1.324
2002年4月	1.328	1.327	1.333	1.342	1.334	1.338
2002年5月	1.234	1.236	1.242	1.226	1.198	1.212
2002年6月	1.222	1.224	1.229	1.224	1.201	1.212
2002年7月	1.209	1.227	1.229	1.205	1.161	1.182
2002年8月	1.379	1.388	1.403	1.343	1.320	1.332
2002年9月	1.508	1.518	1.553	1.455	1.398	1.426
2002年10月	1.470	1.466	1.499	1.465	1.436	1.450
2002年11月	1.364	1.373	1.384	1.356	1.336	1.346
2002年12月	1.342	1.344	1.348	1.321	1.313	1.317
均值	1.230	1.240	1.248	1.225	1.198	1.211
均值差	0.019	0.029	0.037	0.014	−0.013	0.000

均值為各指數的算術平均值，均值差為各指數均值與 Fisher 指數均值之差。可以看出，用不同指數方法計算出的月度定基價格指數各不相同，數字大小及變化方向都可能不一樣。對同一比較期，拉氏指數大於派氏指數，Fisher 優指數居於中間，三者的值是比較接近的。但 Jevons、Dutot、Carli 指數則偏離 Fisher 優指數較遠。如果以 Fisher 優指數作為標尺，平均而言，拉氏指數高 0.014，派氏指數低 0.013，差異較小；而幾個簡單指數偏差較大，平均而言，Jevons 指數高 0.019，Dutot 指數高 0.029，Carli 指數高 0.037，對價格指數而言偏差較大。

下面看看對月定基指數而言不同優指數間的差異大小。分別計算 Fisher 指數、Törnqvist 指數、Walsh 指數及 MEIndex 指數 4 個不同的優指數，其代碼如下：

```
##優指數差異對比
t1 = 1 #
x = array(1, dim = c(4,T))
for (i in 1:(T-1)){
t2 = t1+1*i
x[1,i+1] = Fisher(p,q,t1,t2)
x[2,i+1] = Tornqvist(p,q,t1,t2)
x[3,i+1] = Walsh(p,q,t1,t2)
x[4,i+1] = MEIndex(p,q,t1,t2)
}
t(x)
```

計算出的 Fisher 指數、Törnqvist 指數、Walsh 指數及 MEIndex 指數 4 個優指數如表 3.6 所示：

表 3.6　　　　4 個以 1997 年 1 月為基期的月定基優指數

日期	Fisher	Tornqvist	Walsh	MEIndex	最大偏差
1997 年 1 月	1.000	1.000	1.000	1.000	0.000
1997 年 2 月	1.247	1.246	1.246	1.250	0.004
1997 年 3 月	1.426	1.426	1.426	1.428	0.003
1997 年 4 月	1.301	1.301	1.300	1.302	0.002
1997 年 5 月	1.098	1.098	1.098	1.098	0.001
1997 年 6 月	0.999	0.999	0.998	0.999	0.001
1997 年 7 月	1.009	1.009	1.009	1.009	0.000
1997 年 8 月	1.093	1.093	1.093	1.094	0.001
1997 年 9 月	1.092	1.092	1.090	1.093	0.003
1997 年 10 月	1.182	1.182	1.182	1.182	0.000
1997 年 11 月	1.172	1.172	1.172	1.172	0.000

表3.6(續)

日期	Fisher	Tornqvist	Walsh	MEIndex	最大偏差
1997年12月	1.107	1.107	1.107	1.107	0.000
1998年1月	1.056	1.056	1.057	1.056	0.000
1998年2月	1.019	1.019	1.019	1.019	0.000
1998年3月	1.043	1.043	1.043	1.044	0.000
1998年4月	1.120	1.120	1.120	1.121	0.000
1998年5月	1.061	1.060	1.060	1.061	0.001
1998年6月	0.969	0.967	0.966	0.968	0.002
1998年7月	0.980	0.979	0.979	0.980	0.001
1998年8月	1.166	1.162	1.161	1.168	0.007
1998年9月	1.398	1.376	1.378	1.415	0.039
1998年10月	1.420	1.415	1.417	1.430	0.014
1998年11月	1.281	1.281	1.281	1.284	0.003
1998年12月	1.333	1.333	1.333	1.334	0.001
1999年1月	1.232	1.231	1.232	1.232	0.001
1999年2月	1.185	1.185	1.185	1.185	0.000
1999年3月	1.087	1.087	1.087	1.088	0.001
1999年4月	1.079	1.079	1.079	1.079	0.000
1999年5月	0.987	0.987	0.987	0.987	0.000
1999年6月	0.993	0.992	0.992	0.993	0.002
1999年7月	1.029	1.025	1.024	1.029	0.005
1999年8月	1.093	1.089	1.089	1.094	0.005
1999年9月	1.158	1.157	1.157	1.159	0.003
1999年10月	1.249	1.249	1.249	1.250	0.001
1999年11月	1.198	1.198	1.198	1.199	0.001
1999年12月	1.440	1.441	1.440	1.441	0.001
2000年1月	1.306	1.306	1.306	1.306	0.000
2000年2月	1.315	1.314	1.314	1.317	0.003

表3.6(續)

日期	Fisher	Tornqvist	Walsh	MEIndex	最大偏差
2000 年 3 月	1.267	1.267	1.268	1.268	0.001
2000 年 4 月	1.068	1.068	1.068	1.068	0.001
2000 年 5 月	1.027	1.027	1.027	1.027	0.000
2000 年 6 月	1.019	1.018	1.018	1.019	0.001
2000 年 7 月	1.099	1.097	1.095	1.099	0.004
2000 年 8 月	1.183	1.182	1.181	1.185	0.004
2000 年 9 月	1.217	1.215	1.214	1.219	0.005
2000 年 10 月	1.327	1.327	1.327	1.328	0.001
2000 年 11 月	1.325	1.325	1.325	1.327	0.002
2000 年 12 月	1.247	1.247	1.247	1.247	0.001
2001 年 1 月	1.116	1.115	1.116	1.116	0.000
2001 年 2 月	1.084	1.084	1.084	1.084	0.000
2001 年 3 月	1.041	1.041	1.041	1.041	0.000
2001 年 4 月	1.134	1.133	1.133	1.134	0.001
2001 年 5 月	1.158	1.157	1.157	1.158	0.002
2001 年 6 月	1.189	1.189	1.188	1.190	0.002
2001 年 7 月	1.247	1.247	1.246	1.249	0.003
2001 年 8 月	1.429	1.429	1.429	1.431	0.003
2001 年 9 月	1.526	1.526	1.525	1.529	0.003
2001 年 10 月	1.457	1.457	1.457	1.462	0.004
2001 年 11 月	1.453	1.453	1.453	1.456	0.003
2001 年 12 月	1.472	1.472	1.472	1.473	0.001
2002 年 1 月	1.553	1.553	1.553	1.558	0.005
2002 年 2 月	1.501	1.501	1.501	1.503	0.003
2002 年 3 月	1.324	1.324	1.325	1.325	0.001
2002 年 4 月	1.338	1.338	1.339	1.339	0.001
2002 年 5 月	1.212	1.212	1.212	1.213	0.001

表3.6(續)

日期	Fisher	Törnqvist	Walsh	MEIndex	最大偏差
2002年6月	1.212	1.212	1.212	1.213	0.001
2002年7月	1.182	1.180	1.179	1.184	0.006
2002年8月	1.332	1.331	1.331	1.333	0.003
2002年9月	1.426	1.423	1.422	1.431	0.009
2002年10月	1.450	1.449	1.450	1.453	0.004
2002年11月	1.346	1.345	1.345	1.347	0.002
2002年12月	1.317	1.317	1.317	1.317	0.001
均值	1.211	1.210	1.210	1.213	—

表中最大偏差指同一時間4個優指數最大值與最小值的差異。可以看到，在任一時點，4個優指數的值一般略有差異，但是非常接近，表明幾個優指數間的差異是很小的，這與前面提到的它們做泰勒展開是二階近似的相吻合。為了更直觀地觀測4個優指數在不同時期的差異大小，可以畫出各優指數隨時間變化的曲線，如圖3.1所示。

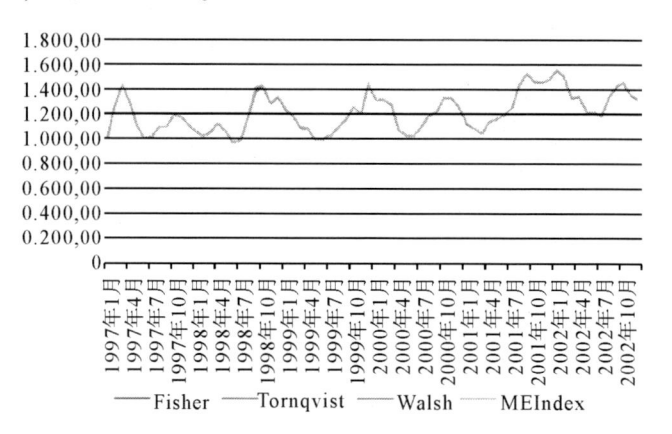

圖3.1 Fisher指數、Törnqvist指數、Walsh指數及MEIndex指數隨時間變化的曲線

可以看出，Fisher指數、Törnqvist指數、Walsh指數及MEIndex指數四個不同優指數在所有時點所得指數幾乎完全重疊，表明不同指數所得結果差異很小。故以後優指數計算均選擇標準的Fisher指數進行計算。從圖形還可以非常直觀地看到，計算出的各優指數隨著時間變化存在非常明顯的季節性波動，當

然季節重複性不是非常完全。

我們也可以計算出月度鏈乘指數,其結果如表 3.7 所示:

表 3.7　　　　　　以 1997 年 1 月為基期的月度鏈乘指數

日期	Jevons	Dutot	Carli	拉氏指數	派氏指數	Fisher 指數
1997. 1	1.000	1.000	1.000	1.000	1.000	1.000
1997. 2	1.249	1.302	1.283	1.272	1.224	1.247
1997. 3	1.346	1.395	1.387	1.446	1.387	1.416
1997. 4	1.255	1.283	1.297	1.328	1.265	1.296
1997. 5	1.103	1.103	1.153	1.128	1.057	1.092
1997. 6	1.041	1.046	1.094	1.027	0.953	0.990
1997. 7	1.030	1.043	1.089	1.040	0.954	0.996
1997. 8	1.117	1.120	1.184	1.134	1.035	1.083
1997. 9	1.121	1.125	1.190	1.116	1.021	1.068
1997. 10	1.174	1.171	1.250	1.211	1.099	1.154
1997. 11	1.155	1.151	1.232	1.206	1.092	1.148
1997. 12	1.091	1.086	1.163	1.137	1.030	1.082
1998. 1	1.039	1.033	1.109	1.082	0.974	1.027
1998. 2	1.014	1.011	1.085	1.041	0.941	0.990
1998. 3	1.057	1.067	1.135	1.071	0.962	1.015
1998. 4	1.110	1.132	1.194	1.148	1.030	1.087
1998. 5	1.118	1.148	1.211	1.091	0.962	1.025
1998. 6	1.053	1.071	1.162	1.001	0.853	0.924
1998. 7	1.068	1.087	1.179	1.011	0.861	0.933
1998. 8	1.279	1.297	1.426	1.200	1.012	1.102
1998. 9	1.608	1.683	1.831	1.421	1.177	1.293
1998. 10	1.566	1.600	1.790	1.440	1.173	1.300
1998. 11	1.353	1.360	1.564	1.301	1.046	1.167
1998. 12	1.295	1.296	1.523	1.367	1.058	1.203
1999. 1	1.237	1.230	1.482	1.276	0.970	1.113

表3.7(續)

日期	Jevons	Dutot	Carli	拉氏指數	派氏指數	Fisher 指數
1999.2	1.182	1.183	1.421	1.225	0.932	1.069
1999.3	1.099	1.106	1.329	1.134	0.857	0.986
1999.4	1.070	1.068	1.297	1.128	0.849	0.978
1999.5	1.016	1.016	1.233	1.036	0.774	0.895
1999.6	1.047	1.053	1.273	1.045	0.779	0.902
1999.7	1.112	1.143	1.361	1.078	0.800	0.929
1999.8	1.175	1.204	1.440	1.140	0.847	0.983
1999.9	1.208	1.220	1.486	1.208	0.896	1.040
1999.10	1.255	1.263	1.549	1.312	0.964	1.124
1999.11	1.203	1.210	1.487	1.254	0.918	1.073
1999.12	1.360	1.371	1.693	1.510	1.099	1.288
2000.1	1.264	1.267	1.590	1.376	0.999	1.172
2000.2	1.334	1.368	1.693	1.374	0.999	1.172
2000.3	1.288	1.317	1.640	1.321	0.956	1.124
2000.4	1.115	1.134	1.422	1.121	0.807	0.951
2000.5	1.095	1.109	1.401	1.081	0.775	0.916
2000.6	1.075	1.082	1.387	1.082	0.764	0.909
2000.7	1.150	1.161	1.492	1.165	0.819	0.977
2000.8	1.240	1.251	1.620	1.254	0.872	1.046
2000.9	1.263	1.266	1.650	1.296	0.901	1.081
2000.10	1.324	1.323	1.739	1.421	0.969	1.173
2000.11	1.325	1.330	1.742	1.421	0.967	1.172
2000.12	1.255	1.252	1.652	1.338	0.906	1.101
2001.1	1.162	1.158	1.533	1.193	0.809	0.983
2001.2	1.142	1.141	1.510	1.156	0.787	0.954
2001.3	1.104	1.107	1.461	1.110	0.755	0.915
2001.4	1.196	1.208	1.587	1.209	0.824	0.998

表3.7(續)

日期	Jevons	Dutot	Carli	拉氏指數	派氏指數	Fisher 指數
2001.5	1.174	1.190	1.566	1.248	0.840	1.024
2001.6	1.218	1.223	1.631	1.277	0.858	1.047
2001.7	1.244	1.252	1.669	1.339	0.896	1.095
2001.8	1.351	1.360	1.824	1.536	1.021	1.252
2001.9	1.480	1.500	2.000	1.638	1.087	1.335
2001.10	1.414	1.416	1.922	1.579	1.031	1.276
2001.11	1.376	1.375	1.871	1.559	1.021	1.261
2001.12	1.401	1.390	1.915	1.577	1.023	1.270
2002.1	1.503	1.513	2.085	1.669	1.051	1.325
2002.2	1.491	1.504	2.080	1.622	0.998	1.272
2002.3	1.316	1.312	1.845	1.433	0.880	1.123
2002.4	1.328	1.327	1.862	1.444	0.887	1.132
2002.5	1.234	1.236	1.735	1.323	0.804	1.031
2002.6	1.222	1.224	1.726	1.329	0.798	1.030
2002.7	1.209	1.227	1.713	1.299	0.777	1.004
2002.8	1.379	1.388	1.964	1.458	0.866	1.124
2002.9	1.508	1.518	2.158	1.570	0.928	1.207
2002.10	1.470	1.466	2.113	1.603	0.939	1.227
2002.11	1.364	1.373	1.971	1.491	0.870	1.139
2002.12	1.342	1.344	1.949	1.460	0.849	1.114
均值	1.230	1.240	1.532	1.277	0.947	1.097
偏差	0.134	0.144	0.435	0.180	-0.149	0.000

從月度鏈乘指數來看，跟定基指數類似，使用不同方法計算出的指數結果也各不相同，包括指數數字大小及上升、下降的方向都可能不一樣，並且因為累積效應的存在，隨著時間的推移，不同指數間的差異可能非常巨大，比如對2002年12月而言，最大的Carli指數為1.949，表示指數對基期上漲了94.9%，最小的派氏指數為0.947，表示指數對基期而言下降了5.3%，差異可謂天差地別。跟定基指數一樣，拉氏指數大於派氏指數，Fisher指數居於兩者中間，

但三者間的差異隨著時間的推移也越來越大。平均而言，拉氏指數比 Fisher 指數大 0.18，派氏指數比 Fisher 指數低 0.149，已是很大的差異。

表 3.5、表 3.7 的定基指數與鏈乘指數計算結果進行對比，可以看出，Jevons 指數、Dutot 指數鏈式計算跟直接計算的指數結果在每個時期都是相同的，表明兩個指數無鏈偏離。其他各指數除基期和第一個月度指數外，後續各期均各不相同，表明存在鏈偏離。

鏈指數跟定基指數的鏈偏移隨著時間的推移越變越大，圖 3.2 為 Fisher 定基指數與鏈指數隨時間變化而變化的曲線。

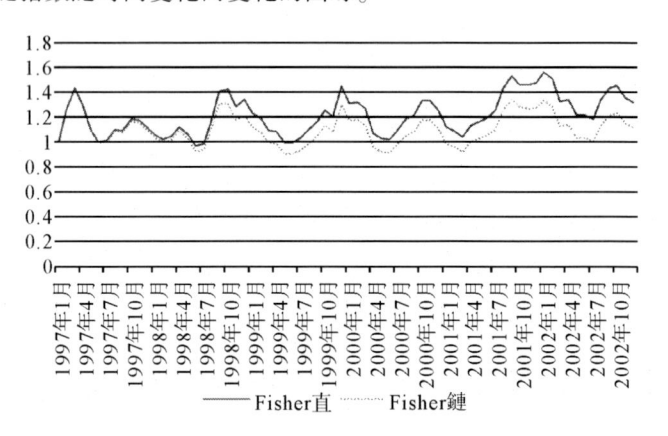

圖 3.2　Fisher 定基指數與鏈乘指數隨時間變化的曲線

從圖中可以直觀地看出，鏈指數存在向下的偏誤，隨著時間的推移，偏誤越來越大。儘管兩個指數間存在偏誤，但兩者的上升、下降的變化趨勢大致相同，拐點也大致一致；同時可以看出，定基直接指數與鏈指數均存在明顯的季節性波動。但季節性波動的峰與谷並不規則，週期性不是非常強，這使得常規的季節調整方法效果並不是很好。

因為多數指數均存在鏈偏誤的問題，實際應用中究竟應該使用定基指數還是鏈乘指數是一個需要選擇的問題。Hill（1988，1993）建議價格與數量平滑變化時使用鏈式指數，如果促銷導致價格急遽下降，然後迅速彈回原來水準，使用定基指數更為合適。

3.3.5　滾動年 GEKS 月定基指數的計算

以 Fisher 指數為代表的 4 個優指數儘管可以較好地滿足時間互換檢驗與因子互換檢驗，但並不能通過循環性檢驗，導致直接計算與鏈乘計算的定基指數並不相等，圖 3.2 可以非常直觀地看到這一點，這導致很多基礎性問題。為解決鏈偏移問題，出現了 GEKS 指數。如果基礎指數選擇優指數，GEKS 指數可以非常完美地滿足三大檢驗，但因為出現新數據時需要更新舊的指數，是一個致命弱點。為此 Ivancic 等（2009）提出了滾動年 GEKS 指數，略微降低了循環性要求。那麼 GEKS 指數與 RYGEKS 指數有多大差異呢？

選擇 Fisher 指數為基礎價格指數，我們以實際數據測算 GEKS 指數與 RYGEKS 指數的差異大小，其代碼如下：

```
t1 = 1 #以第一年第一個月為基期
x = array(1,dim=c(4,T)) #用於存儲指數計算結果

for (i in 1:T) x[1,i] = RYGEKS(p,q,1,i)    #計算 RYGEKS 指數
for (i in 1:T) x[4,i] = GEKS(p,q,1,i,1,T)   #計算 GEKS 指數
for (i in 1:(T-1)) {
t2 = t1+1 * i
x[2,i+1] = Fisher(p,q,t1,t2) #計算直接 Fisher 指數
x[3,i+1] = chainedIndex(p,q,t1,t2,1,method = "Fisher") #計算鏈式 Fisher 指數
}
t(x)
mean(x[2,][-1])-mean(x[4,][-1]) #Fisher 直接指數跟 GEKS 的平均偏差
mean(x[3,][-1])-mean(x[4,][-1]) #Fisher 鏈式指數跟 GEKS 的平均偏差
```

我們計算了 GEKS 指數及 RYGEKS 指數，作為對比，也算出 Fisher 定基與鏈乘指數。在計算 GEKS 指數及 RYGEKS 指數時，底層基礎指數使用 Fisher 指數。計算所得指數結果如表 3.8 所示。

表 3.8　　以 1997 年 1 月為基期的月度 Fisher 指數、GEKS 指數及 RYGEKS 指數

日期	RYGEKS 指數	Fisher 定基指數	Fisher 鏈式指數	GEKS 指數
1997 年 1 月	1.000	1.000	1.000	1.000

表3.8(續)

日期	RYGEKS 指數	Fisher 定基指數	Fisher 鏈式指數	GEKS 指數
1997年2月	1.249	1.247	1.247	1.247
1997年3月	1.430	1.426	1.416	1.428
1997年4月	1.306	1.301	1.296	1.305
1997年5月	1.101	1.098	1.092	1.103
1997年6月	1.000	0.999	0.990	1.002
1997年7月	1.007	1.009	0.996	1.009
1997年8月	1.092	1.093	1.083	1.096
1997年9月	1.089	1.092	1.068	1.093
1997年10月	1.179	1.182	1.154	1.181
1997年11月	1.172	1.172	1.148	1.173
1997年12月	1.105	1.107	1.082	1.105
1998年1月	1.054	1.056	1.027	1.054
1998年2月	1.019	1.019	0.990	1.019
1998年3月	1.045	1.043	1.015	1.045
1998年4月	1.123	1.120	1.087	1.125
1998年5月	1.065	1.061	1.025	1.066
1998年6月	0.967	0.969	0.924	0.971
1998年7月	0.979	0.980	0.933	0.983
1998年8月	1.155	1.166	1.102	1.164
1998年9月	1.370	1.398	1.293	1.387
1998年10月	1.392	1.420	1.300	1.412
1998年11月	1.262	1.281	1.167	1.278
1998年12月	1.315	1.333	1.203	1.328
1999年1月	1.208	1.232	1.113	1.224
1999年2月	1.167	1.185	1.069	1.182
1999年3月	1.077	1.087	0.986	1.088
1999年4月	1.067	1.079	0.978	1.078

表3.8(續)

日期	RYGEKS 指數	Fisher 定基指數	Fisher 鏈式指數	GEKS 指數
1999年5月	0.981	0.987	0.895	0.989
1999年6月	0.991	0.993	0.902	0.997
1999年7月	1.025	1.029	0.929	1.030
1999年8月	1.086	1.093	0.983	1.092
1999年9月	1.151	1.158	1.040	1.158
1999年10月	1.241	1.249	1.124	1.250
1999年11月	1.188	1.198	1.073	1.197
1999年12月	1.427	1.440	1.288	1.438
2000年1月	1.297	1.306	1.172	1.308
2000年2月	1.308	1.315	1.172	1.319
2000年3月	1.257	1.267	1.124	1.268
2000年4月	1.060	1.068	0.951	1.070
2000年5月	1.020	1.027	0.916	1.030
2000年6月	1.011	1.019	0.909	1.023
2000年7月	1.086	1.099	0.977	1.099
2000年8月	1.165	1.183	1.046	1.180
2000年9月	1.202	1.217	1.081	1.216
2000年10月	1.307	1.327	1.173	1.323
2000年11月	1.309	1.325	1.172	1.325
2000年12月	1.230	1.247	1.101	1.244
2001年1月	1.101	1.116	0.983	1.112
2001年2月	1.071	1.084	0.954	1.083
2001年3月	1.027	1.041	0.915	1.039
2001年4月	1.121	1.134	0.998	1.133
2001年5月	1.152	1.158	1.024	1.164
2001年6月	1.180	1.189	1.047	1.193
2001年7月	1.235	1.247	1.095	1.249

表3.8(續)

日期	RYGEKS 指數	Fisher 定基指數	Fisher 鏈式指數	GEKS 指數
2001年8月	1.415	1.429	1.252	1.431
2001年9月	1.508	1.526	1.335	1.526
2001年10月	1.442	1.457	1.276	1.457
2001年11月	1.434	1.453	1.261	1.451
2001年12月	1.449	1.472	1.270	1.467
2002年1月	1.525	1.553	1.325	1.550
2002年2月	1.479	1.501	1.272	1.501
2002年3月	1.305	1.324	1.123	1.323
2002年4月	1.319	1.338	1.132	1.338
2002年5月	1.198	1.212	1.031	1.215
2002年6月	1.198	1.212	1.030	1.214
2002年7月	1.169	1.182	1.004	1.185
2002年8月	1.309	1.332	1.124	1.327
2002年9月	1.405	1.426	1.207	1.423
2002年10月	1.428	1.450	1.227	1.447
2002年11月	1.328	1.346	1.139	1.345
2002年12月	1.296	1.317	1.114	1.314
均值	1.203	1.214	1.098	1.214
偏差	-0.011	0.000	-0.116	0.000

　　表中均值指該指數不同月份值的算術平均，計算指數均值時去除了第一個月基期的值，因其固定為1。偏差值為各指數均值與GEKS指數的均值之差。我們選擇GEKS指數作為比較的基準，這是因為其完全滿足三大檢驗。

　　可以看到：RYGEKS指數平均而言比GEKS指數低0.011，有所差異，但差異並不大；直接Fisher指數平均而言跟GEKS指數差異很小，差異小於千分之一；但鏈式Fisher指數跟GEKS指數差異較大，平均低0.116，表明鏈式Fisher指數存在鏈偏誤。

　　RYGEKS指數、Fisher指數與GEKS指數儘管在不同時期通常都略有差異，但差異都不是很大。為了直觀地對比各指數在每個時點上的差異大小，我們繪出各指數隨時間而變化的曲線，如圖 3.3 所示。

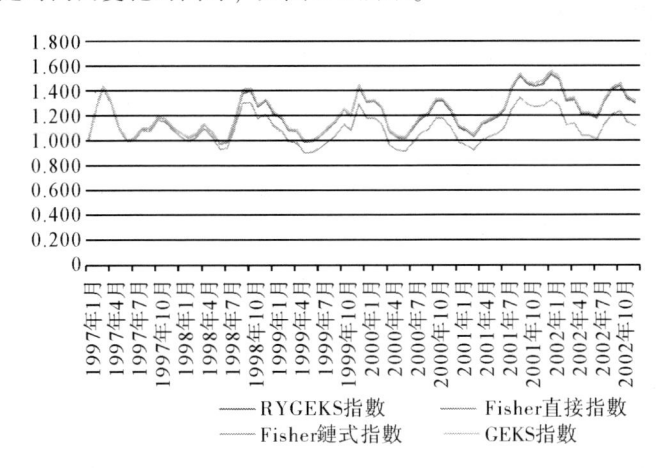

图 3.3 **RYGEKS 指數、Fisher 指數與 GEKS 指數隨時間而變化的曲線**

從圖中可以看出，正如平均而言 Fisher 直接指數跟 GEKS 指數相差很小一樣，在每個時點上兩個指數的差異也很小，兩個指數隨時間而變化的曲線幾乎重疊在一起。但我們知道，Fisher 指數不滿足循環性要求，而 GEKS 指數完全滿足。RYGEKS 指數的變化曲線跟 GEKS（或 Fisher 直接指數）沒有完全重疊，但我們可以看到，它們的變化趨勢完全一樣，且差異在每一時點上都比較小，對 GEKS 指數很好地接近。但 Fisher 鏈式指數的變化曲線跟 Fisher 直接指數、GEKS 指數及 RYGEKS 指數的變化曲線就相隔較遠，且隨著時間的延長差異越來越大，存在比較顯著的鏈偏誤。以上結果表明使用滾動年 GEKS 是合理的，不僅能夠較好地解決三大檢驗問題，也解決了 GEKS 指數需要在數據更新時不斷更新之前的指數計算問題。

前面我們從理論上與實際對指數的計算表明了 4 個優指數算出的數字間差異很小，那麼計算 GEKS 及 RYGEKS 指數時，選擇不同的優指數作為基礎指數所得結果差異是否大呢？圖 3.4 為算出的以不同優指數為基礎指數的 RYGEKS 指數與 GEKS 指數隨時間而變化的曲線。

其中系列 1、2 為以 Fisher 指數為基礎指數算出的 RYGEKS 指數及 GEKS 指數，系列 3、4 為以 Törnqvist 指數為基礎指數算出的 RYGEKS 指數及 GEKS 指數，系列 5、6 為以 Walsh 指數為基礎指數算出的 RYGEKS 指數及 GEKS 指數，系列 7、8 為以 MEIndex 指數為基礎指數算出的 RYGEKS 指數及 GEKS 指數。可以看出，各指數不僅變化趨勢一致，在各時點的值也幾乎重疊在一起，

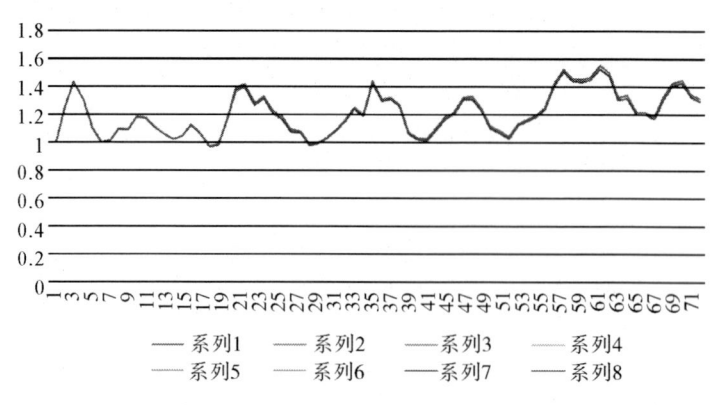

圖 3.4　以不同優指數為基礎指數的 RYGEKS 指數與 GEKS 指數隨時間的變化曲線

故而基礎指數在不同指數間選擇差異並不大。以各優指數為基礎分別算出的 RYGEKS 指數平均值分別為 1.2032、1.2033、1.2030、1.2041，算出的 GEKS 指數的平均值分別為 1.2139、1.2131、1.2129、1.2154。相對而言，MEIndex 差異略微大一點。

在使用滾動年方法計算 RYGEKS 時，指數計算結果依賴於移動窗寬的選擇問題，Ivancic 等（2009）建議使用 13 個月作為移動窗寬，認為這樣可以覆蓋完整年度，較好地解決商品價格變化的季節性影響的問題。但 13 個月是否是最佳窗寬選擇呢？這需要進行研究。

我們以 13 個月為基礎，分別選 13 個月、25 個月、37 個月、49 個月、61 個月及 72 個月作為窗寬，並使用 Fisher 指數作為基礎指數，所得 RYGEKS 指數隨窗寬變化的結果如表 3.9 所示：

表 3.9　　　　　　　不同窗寬的 RYGEKS 指數計算結果

日期	窗寬=13	窗寬=25	窗寬=37	窗寬=49	窗寬=61	窗寬=72
1997 年 1 月	1.000	1.000	1.000	1.000	1.000	1.000
1997 年 2 月	1.249	1.250	1.250	1.248	1.247	1.247
1997 年 3 月	1.430	1.433	1.432	1.430	1.429	1.428
1997 年 4 月	1.306	1.308	1.308	1.307	1.305	1.305
1997 年 5 月	1.101	1.104	1.103	1.104	1.103	1.103
1997 年 6 月	1.000	1.002	1.002	1.002	1.002	1.002
1997 年 7 月	1.007	1.009	1.009	1.009	1.009	1.009
1997 年 8 月	1.092	1.095	1.095	1.096	1.096	1.096

表3.9(續)

日期	窗寬=13	窗寬=25	窗寬=37	窗寬=49	窗寬=61	窗寬=72
1997年9月	1.089	1.092	1.092	1.092	1.092	1.093
1997年10月	1.179	1.181	1.180	1.181	1.181	1.181
1997年11月	1.172	1.173	1.173	1.173	1.173	1.173
1997年12月	1.105	1.105	1.105	1.105	1.105	1.105
1998年1月	1.054	1.055	1.054	1.054	1.054	1.054
1998年2月	1.019	1.019	1.019	1.019	1.019	1.019
1998年3月	1.045	1.046	1.046	1.046	1.045	1.045
1998年4月	1.123	1.127	1.127	1.126	1.125	1.125
1998年5月	1.065	1.067	1.067	1.067	1.066	1.066
1998年6月	0.967	0.971	0.971	0.971	0.971	0.971
1998年7月	0.979	0.983	0.982	0.983	0.983	0.983
1998年8月	1.155	1.162	1.162	1.162	1.163	1.164
1998年9月	1.370	1.382	1.382	1.384	1.385	1.387
1998年10月	1.392	1.406	1.407	1.409	1.411	1.412
1998年11月	1.262	1.275	1.276	1.277	1.278	1.278
1998年12月	1.315	1.329	1.328	1.328	1.328	1.328
1999年1月	1.208	1.224	1.224	1.224	1.224	1.224
1999年2月	1.167	1.182	1.182	1.182	1.182	1.182
1999年3月	1.077	1.089	1.089	1.088	1.088	1.088
1999年4月	1.067	1.079	1.078	1.078	1.078	1.078
1999年5月	0.981	0.990	0.989	0.989	0.989	0.989
1999年6月	0.991	0.999	0.997	0.997	0.997	0.997
1999年7月	1.025	1.032	1.030	1.030	1.030	1.030
1999年8月	1.086	1.094	1.092	1.092	1.092	1.092
1999年9月	1.151	1.159	1.157	1.158	1.158	1.158
1999年10月	1.241	1.251	1.249	1.249	1.249	1.250
1999年11月	1.188	1.197	1.197	1.197	1.197	1.197
1999年12月	1.427	1.440	1.440	1.439	1.438	1.438
2000年1月	1.297	1.310	1.309	1.309	1.308	1.308
2000年2月	1.308	1.320	1.321	1.320	1.319	1.319
2000年3月	1.257	1.270	1.270	1.269	1.269	1.268

表3.9(續)

日期	窗寬=13	窗寬=25	窗寬=37	窗寬=49	窗寬=61	窗寬=72
2000年4月	1.060	1.070	1.070	1.070	1.070	1.070
2000年5月	1.020	1.029	1.030	1.030	1.030	1.030
2000年6月	1.011	1.022	1.023	1.022	1.023	1.023
2000年7月	1.086	1.099	1.098	1.098	1.099	1.099
2000年8月	1.165	1.179	1.178	1.179	1.179	1.180
2000年9月	1.202	1.216	1.216	1.216	1.216	1.216
2000年10月	1.307	1.321	1.321	1.322	1.322	1.323
2000年11月	1.309	1.323	1.324	1.325	1.325	1.325
2000年12月	1.230	1.243	1.243	1.244	1.244	1.244
2001年1月	1.101	1.111	1.110	1.111	1.112	1.112
2001年2月	1.071	1.082	1.081	1.082	1.083	1.083
2001年3月	1.027	1.038	1.037	1.038	1.039	1.039
2001年4月	1.121	1.132	1.133	1.134	1.133	1.133
2001年5月	1.152	1.163	1.164	1.165	1.164	1.164
2001年6月	1.180	1.192	1.192	1.193	1.193	1.193
2001年7月	1.235	1.247	1.247	1.249	1.249	1.249
2001年8月	1.415	1.429	1.430	1.432	1.431	1.431
2001年9月	1.508	1.523	1.524	1.527	1.526	1.526
2001年10月	1.442	1.455	1.456	1.457	1.457	1.457
2001年11月	1.434	1.450	1.449	1.452	1.452	1.451
2001年12月	1.449	1.465	1.464	1.467	1.467	1.467
2002年1月	1.525	1.543	1.545	1.549	1.550	1.550
2002年2月	1.479	1.496	1.498	1.500	1.501	1.501
2002年3月	1.305	1.320	1.321	1.322	1.323	1.323
2002年4月	1.319	1.334	1.335	1.337	1.338	1.338
2002年5月	1.198	1.213	1.213	1.215	1.216	1.215
2002年6月	1.198	1.212	1.212	1.214	1.214	1.214
2002年7月	1.169	1.184	1.183	1.185	1.186	1.185
2002年8月	1.309	1.325	1.325	1.327	1.327	1.327
2002年9月	1.405	1.421	1.420	1.423	1.423	1.423
2002年10月	1.428	1.444	1.444	1.447	1.447	1.447

表3.9(續)

日期	窗寬=13	窗寬=25	窗寬=37	窗寬=49	窗寬=61	窗寬=72
2002年11月	1.328	1.343	1.342	1.345	1.345	1.345
2002年12月	1.296	1.311	1.311	1.314	1.314	1.314
均值	1.203	1.213	1.213	1.214	1.214	1.214
偏差	−0.011	0.001	0.001	0.000	0.000	0

窗寬為72時，測試的所有時間的數據均進入窗內，所得RYGEKS指數與GEKS指數相同，故我們以其為基準，計算平均而言不同窗寬所得RYGEKS指數均值與其均值的偏差。

從結果可以看到，窗寬取25、37、49、61與72時，計算出的結果差異很小，但取13時差異略大。綜合而言，我們認為窗寬取25是合適的選擇。

畫出不同窗寬下RYGEKS指數隨時間而變化的曲線，其結果如圖3.5所示。

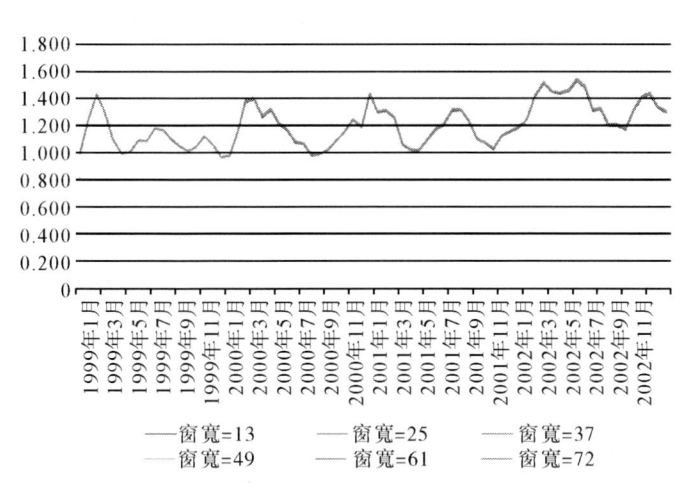

圖3.5　不同窗寬RYGEKS指數隨時間而變化的曲線

從圖形可以看出，不同窗寬算出的結果幾乎重疊在一起，看不出有明顯差異。

上面的窗寬選擇中，我們有意識地選擇了一年多一個月，兩年多一個月，三年多一個月等等，以迴避物價季節性變化的影響。可以嘗試更靈活的窗寬選擇方法，分別選擇窗寬為2、3、…、72個月不同的寬度，計算每個窗寬條件下滾動窗GEKS指數，每個窗寬條件下指數平均值隨窗寬的變化曲線如圖3.6所示。

图 3.6　不同窗宽 RYGEKS 指数平均值随窗宽的变化而变化的曲线

可以看出，窗宽太小时 RYGEKS 指数均值跟 GEKS 指数均值间的偏差较大，随著窗宽变大，偏差急遽减小。当窗宽达到 1 年左右时，偏差已经较小了。但随著窗宽的继续增加，偏差会出现波动变化，呈现先增加再减小的变化模式。但波动幅度随著窗宽的继续增加越来越小，最后偏差趋於收敛到 0。

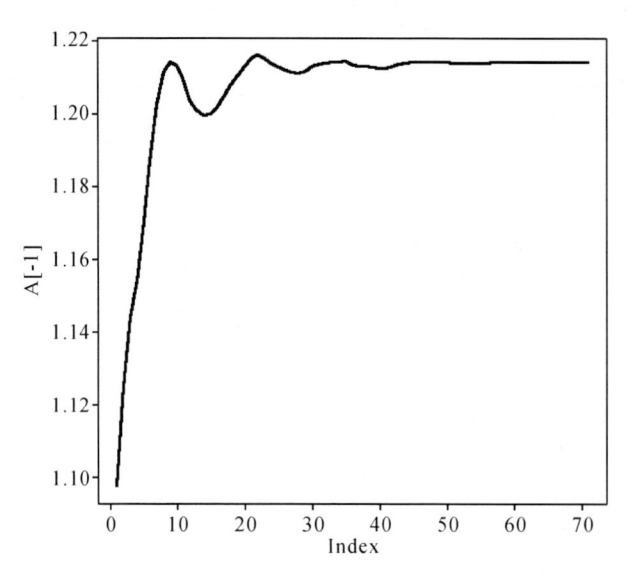

我们将窗宽为 72（此时得到的为 GEKS 指数）的滚动窗 GEKS 指数的均值作为基准，其他不同窗宽得到的滚动窗 GEKS 指数的均值跟基准相减得到偏差，偏差的绝对值乘以 1,000 得到表 3.10：

表 3.10　　　　不同窗宽的 RYGEKS 指数均值与

GEKS 指数均值间偏差的绝对值（×1,000）

窗宽	偏差	窗宽	偏差	窗宽	偏差
1	116.048	25	0.634	49	0.068
2	116.048	26	1.477	50	0.139
3	89.180	27	2.233	51	0.193
4	70.223	28	2.964	52	0.361
5	59.973	29	3.147	53	0.463
6	43.724	30	2.551	54	0.396
7	27.184	31	1.153	55	0.335

表3.10(續)

窗寬	偏差	窗寬	偏差	窗寬	偏差
8	11.665	32	0.498	56	0.308
9	2.725	33	0.275	57	0.211
10	0.174	34	0.056	58	0.144
11	1.174	35	0.060	59	0.098
12	4.839	36	0.102	60	0.068
13	10.711	37	0.790	61	0.046
14	13.250	38	1.177	62	0.034
15	14.563	39	1.156	63	0.054
16	14.417	40	1.372	64	0.077
17	12.601	41	1.659	65	0.157
18	9.413	42	1.663	66	0.165
19	6.113	43	1.266	67	0.185
20	3.763	44	0.700	68	0.109
21	1.195	45	0.393	69	0.073
22	1.032	46	0.076	70	0.030
23	1.866	47	0.021	71	0.028
24	0.855	48	0.031	72	0.000

為了更直觀地看出其變化模式，將其繪製為圖形，結果如圖3.7所示。

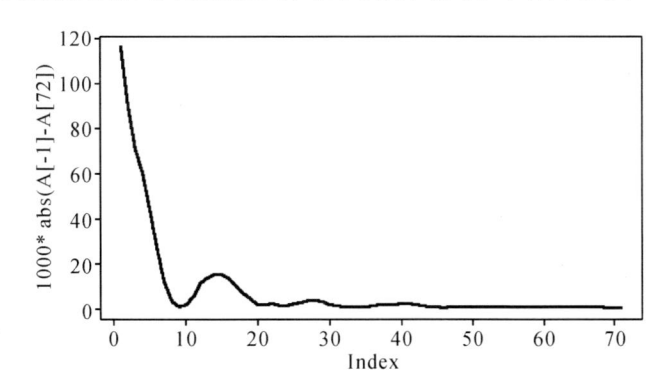

圖3.7 不同窗寬 RYGEKS 指數均值跟
GEKS 指數均值的絕對偏差隨窗寬的變化而變化的曲線

從表 3.10 和圖 3.7 可得到以下窗寬選擇的結論：一般來說窗寬越大偏差越小，但窗寬超過 20 多月後差異就很小了；Ivancic 等建議的選擇 13 個月，或選擇 25、36 個月等並非最佳選擇，直接選擇 12 個月（1 年）或 24 個月（2 年）作為窗寬偏差一般來說更好；儘管選擇更大的窗寬偏差可能更小，但差異已經不大了，所以選擇 24 個月或 36 個月是窗寬的合適選擇。

3.3.6　指數的分類逐步計算與一步直接計算

實際價格指數計算時常常需要分類分層逐步計算，好的指數應該滿足分類不變性要求。我們以以色列實際蔬菜價格數據計算和測試常見加權指數拉氏指數、派氏指數及 Fisher 指數、Walsh 指數、馬埃指數、Törnqvist 指數等 4 個優指數是否滿足分類不變性要求。

我們分兩種方案計算價格指數。一種方案是以 7 種蔬菜的價與量的信息直接計算價格指數，只需一步計算就可得到最終指數。另外一種方案是先將 7 種蔬菜分為 3 類：1、2 種歸為 A 類，3、4 種歸為 B 類，5、6、7 歸為 C 類，先計算 A、B、C 類的價格指數，再以此為基礎計算最終指數，也即需要 2 次指數計算得到最終匯總指數。

為了觀測到誤差的累積效應，我們計算月度鏈乘指數。程序代碼如下：

```
t(p[1:2,])#顯示 A 類
t(p[3:4,])  #顯示 B 類
t(p[5:7,])  #顯示 C 類
method = "LaIndex"
#method = "PaIndex"
#method = "Fisher"
#method = "Walsh"
#method = "MEIndex"
#method = "Tornqvist"
t1=1 #設置指數計算基期固定為 1
#####
#計算 3 個基本分類指數
p1=array(1,dim=c(3,T-(t1-1))) #用於存儲 3 個基本分類指數，為第二步計算的價格
for (i in 1:(T-t1)) {
```

```
t2 = t1+i
p1[1,i+1] = chainedIndex(p[1:2,],q[1:2,],t1,t2,1,method = method)
p1[2,i+1] = chainedIndex(p[3:4,],q[3:4,],t1,t2,1,method = method)
p1[3,i+1] = chainedIndex(p[5:7,],q[5:7,],t1,t2,1,method = method)
}
#計算第二步指數計算時對應的份額及數量
s1 = t(matrix(c(colSums(s[1:2,]),colSums(s[3:4,]),colSums(s[5:7,])),T,3))
q1 = 1000 * s1/p1
x = array(1,dim = c(2,T-(t1-1))) #用於存儲一步計算及兩步計算的指數
for(i in 1:(T-t1)){
t2 = t1+i
x[1,i+1] = chainedIndex(p1,q1,t1,t2,1,method = method)
x[2,i+1] = chainedIndex(p,q,t1,t2,1,method = method)
}
t(x)
```

計算結果如表3.11所示。其中帶後綴2表示分2步計算所得指數，帶後綴1表示1步直接計算所得指數。拉氏與派氏指數2步計算與1步直接計算實際所得結果完全相同，因此只列出了一個結果。

表3.11 指數的分類2步計算與一步直接計算結果

日期	拉氏	派氏	Fisher2	Fisher1	Walsh2	Walsh1	ME2	ME1	Tornq2	Tornq1
1997.1	1.000,0	1.000,0	1.000,0	1.000,0	1.000,0	1.000,0	1.000,0	1.000,0	1.000,0	1.000,0
1997.2	1.271,5	1.223,5	1.247,4	1.247,3	1.246,4	1.246,4	1.249,9	1.249,9	1.246,1	1.246,0
1997.3	1.446,0	1.387,2	1.416,3	1.416,3	1.415,3	1.415,4	1.419,4	1.419,4	1.414,9	1.414,8
1997.4	1.328,2	1.265,4	1.296,7	1.296,4	1.295,7	1.295,8	1.299,1	1.299,1	1.295,3	1.295,1
1997.5	1.127,7	1.057,3	1.092,3	1.091,9	1.091,2	1.091,1	1.093,5	1.093,4	1.090,9	1.090,9
1997.6	1.027,5	0.953,0	0.990,0	0.989,5	0.989,2	0.989,0	0.990,6	0.990,6	0.988,8	0.988,5
1997.7	1.039,6	0.953,8	0.996,4	0.995,8	0.995,6	0.995,4	0.997,0	0.996,9	0.995,3	0.995,0
1997.8	1.133,7	1.034,8	1.083,8	1.083,1	1.082,9	1.082,7	1.084,5	1.084,5	1.082,6	1.082,3
1997.9	1.115,9	1.021,3	1.068,2	1.067,6	1.067,4	1.067,1	1.069,0	1.068,9	1.067,0	1.066,7
1997.10	1.211,4	1.098,6	1.154,3	1.153,6	1.153,7	1.153,5	1.155,3	1.155,3	1.153,1	1.152,8
1997.11	1.206,0	1.092,2	1.148,3	1.147,7	1.147,8	1.147,6	1.149,4	1.149,4	1.147,2	1.146,9
1997.12	1.137,4	1.029,5	1.082,7	1.082,1	1.082,2	1.082,0	1.083,7	1.083,6	1.081,7	1.081,3

表3.11(續)

日期	拉氏	派氏	Fisher2	Fisher1	Walsh2	Walsh1	ME2	ME1	Tornq2	Tornq1
1998.1	1.082,4	0.973,8	1.027,1	1.026,7	1.026,3	1.026,0	1.028,1	1.028,0	1.026,0	1.025,8
1998.2	1.041,0	0.941,3	0.990,3	0.989,9	0.989,3	0.989,0	0.991,3	0.991,2	0.989,4	0.989,3
1998.3	1.071,0	0.962,3	1.015,6	1.015,2	1.014,6	1.014,2	1.016,7	1.016,6	1.014,6	1.014,5
1998.4	1.147,9	1.029,8	1.087,7	1.087,2	1.086,6	1.086,2	1.088,9	1.088,8	1.086,6	1.086,5
1998.5	1.091,3	0.962,2	1.025,3	1.024,7	1.024,3	1.023,9	1.026,1	1.025,9	1.024,3	1.024,2
1998.6	1.001,2	0.853,4	0.925,5	0.924,3	0.924,8	0.924,4	0.925,1	0.924,6	0.924,9	0.924,2
1998.7	1.010,5	0.861,0	0.933,9	0.932,8	0.933,3	0.932,8	0.933,5	0.933,1	0.933,3	0.933,3
1998.8	1.200,3	1.011,6	1.103,2	1.101,9	1.102,3	1.101,8	1.103,2	1.102,7	1.102,3	1.102,1
1998.9	1.420,7	1.177,0	1.293,9	1.293,1	1.292,2	1.291,9	1.295,2	1.295,0	1.292,0	1.291,8
1998.10	1.439,5	1.173,4	1.300,3	1.299,7	1.299,5	1.299,3	1.301,8	1.301,6	1.298,9	1.298,7
1998.11	1.301,1	1.046,4	1.167,6	1.166,8	1.167,1	1.166,7	1.168,3	1.168,1	1.166,7	1.166,4
1998.12	1.367,4	1.058,2	1.202,4	1.202,9	1.201,6	1.201,8	1.204,1	1.204,6	1.201,2	1.200,9
1999.1	1.276,0	0.970,2	1.112,0	1.112,7	1.110,9	1.111,2	1.113,2	1.113,8	1.110,5	1.110,0
1999.2	1.225,5	0.932,3	1.068,3	1.068,9	1.067,3	1.067,5	1.069,4	1.070,1	1.066,9	1.066,4
1999.3	1.134,2	0.857,2	0.985,0	0.986,0	0.983,9	0.984,1	0.986,3	0.986,9	0.983,5	0.983,3
1999.4	1.127,9	0.848,9	0.977,6	0.978,5	0.976,5	0.976,8	0.978,8	0.979,4	0.976,2	0.975,9
1999.5	1.036,0	0.773,9	0.894,5	0.895,4	0.893,6	0.893,7	0.895,4	0.896,1	0.893,2	0.892,9
1999.6	1.045,4	0.778,8	0.901,2	0.902,3	0.900,2	0.900,3	0.902,7	0.903,0	0.900,0	0.899,6
1999.7	1.077,7	0.800,4	0.927,7	0.928,7	0.926,6	0.926,7	0.928,8	0.929,5	0.926,2	0.926,0
1999.8	1.140,1	0.846,8	0.981,4	0.982,6	0.980,3	0.980,4	0.982,7	0.983,3	0.980,0	0.979,6
1999.9	1.208,5	0.895,7	1.039,2	1.040,4	1.038,0	1.038,2	1.040,5	1.041,2	1.037,7	1.037,4
1999.10	1.311,5	0.963,7	1.122,9	1.124,2	1.121,7	1.122,0	1.124,5	1.125,3	1.121,4	1.120,9
1999.11	1.254,2	0.918,2	1.071,9	1.073,1	1.070,8	1.071,0	1.073,3	1.074,1	1.070,4	1.070,0
1999.12	1.509,6	1.099,0	1.286,5	1.288,0	1.285,3	1.285,7	1.288,5	1.289,6	1.284,8	1.284,1
2000.1	1.376,0	0.998,9	1.170,7	1.172,4	1.169,4	1.169,4	1.172,6	1.173,7	1.169,0	1.168,2
2000.2	1.374,0	0.999,3	1.169,9	1.171,6	1.168,6	1.168,6	1.171,7	1.172,9	1.168,2	1.167,4
2000.3	1.320,9	0.956,5	1.122,4	1.124,0	1.121,1	1.121,3	1.124,1	1.125,2	1.120,7	1.120,0
2000.4	1.120,7	0.807,1	0.949,7	0.951,0	0.948,6	0.948,8	0.950,9	0.951,8	0.948,4	0.947,7
2000.5	1.081,4	0.775,4	0.914,5	0.915,7	0.913,5	0.913,6	0.915,6	0.916,5	0.913,2	0.912,6
2000.6	1.081,7	0.764,4	0.908,7	0.909,3	0.907,9	0.907,9	0.909,4	0.910,0	0.907,7	0.906,9
2000.7	1.164,9	0.818,3	0.976,0	0.976,6	0.974,9	0.974,9	0.976,7	0.977,4	0.974,7	0.973,9
2000.8	1.254,3	0.871,8	1.045,1	1.045,7	1.044,0	1.044,0	1.046,1	1.046,8	1.044,0	1.043,1
2000.9	1.296,5	0.901,4	1.080,4	1.081,0	1.079,3	1.079,3	1.081,4	1.082,2	1.079,2	1.078,2
2000.10	1.421,2	0.968,7	1.172,1	1.173,3	1.171,3	1.171,5	1.174,2	1.175,1	1.171,1	1.170,3
2000.11	1.420,9	0.967,3	1.171,0	1.172,3	1.170,3	1.170,4	1.173,1	1.174,1	1.170,0	1.169,3
2000.12	1.337,5	0.906,2	1.099,8	1.101,0	1.099,2	1.099,3	1.101,6	1.102,5	1.098,9	1.098,1

表3.11(續)

日期	拉氏	派氏	Fisher2	Fisher1	Walsh2	Walsh1	ME2	ME1	Tornq2	Tornq1
2001.1	1.192,9	0.809,4	0.981,6	0.982,6	0.980,9	0.980,9	0.983,2	0.984,0	0.980,7	0.980,0
2001.2	1.156,3	0.787,2	0.953,0	0.954,0	0.952,4	0.952,3	0.954,7	0.955,4	0.952,3	0.951,5
2001.3	1.109,5	0.755,2	0.914,4	0.915,4	0.913,8	0.913,8	0.916,0	0.916,8	0.913,7	0.913,0
2001.4	1.209,0	0.823,8	0.996,9	0.998,0	0.996,2	0.996,2	0.998,6	0.999,5	0.996,1	0.995,3
2001.5	1.248,3	0.840,3	1.023,2	1.024,2	1.022,3	1.022,7	1.025,1	1.025,8	1.022,2	1.021,6
2001.6	1.276,9	0.857,7	1.045,5	1.046,5	1.044,5	1.044,9	1.047,5	1.048,1	1.044,4	1.043,8
2001.7	1.339,2	0.895,7	1.094,1	1.095,2	1.093,2	1.093,6	1.096,3	1.097,0	1.093,0	1.092,4
2001.8	1.536,1	1.020,9	1.251,0	1.252,3	1.249,8	1.250,4	1.253,6	1.254,6	1.249,6	1.248,8
2001.9	1.638,4	1.087,3	1.333,3	1.334,7	1.332,1	1.332,7	1.336,3	1.337,2	1.331,8	1.331,1
2001.10	1.579,4	1.031,3	1.274,6	1.276,3	1.273,2	1.277,5	1.278,4	1.273,5	1.272,8
2001.11	1.558,9	1.020,6	1.259,8	1.261,3	1.258,8	1.259,3	1.262,5	1.263,4	1.258,6	1.258,0
2001.12	1.577,0	1.022,8	1.268,5	1.270,0	1.267,4	1.267,9	1.271,2	1.272,1	1.267,2	1.266,6
2002.1	1.669,1	1.051,3	1.323,0	1.324,7	1.321,5	1.322,1	1.326,3	1.327,3	1.321,0	1.320,4
2002.2	1.622,3	0.997,7	1.270,9	1.272,3	1.269,7	1.270,2	1.273,7	1.274,5	1.269,1	1.268,5
2002.3	1.433,4	0.879,6	1.121,7	1.122,9	1.120,7	1.121,1	1.124,0	1.124,7	1.120,2	1.119,6
2002.4	1.444,5	0.886,8	1.130,6	1.131,8	1.129,6	1.130,0	1.133,0	1.133,7	1.129,1	1.128,5
2002.5	1.323,5	0.803,6	1.030,4	1.031,3	1.029,5	1.029,8	1.032,2	1.032,8	1.029,0	1.028,5
2002.6	1.328,7	0.798,0	1.029,0	1.029,7	1.028,3	1.028,7	1.030,6	1.031,1	1.027,8	1.027,2
2002.7	1.298,8	0.776,9	1.003,6	1.004,5	1.002,7	1.003,1	1.005,4	1.005,9	1.002,3	1.001,9
2002.8	1.458,3	0.865,7	1.122,7	1.123,6	1.122,2	1.122,5	1.124,5	1.125,4	1.121,7	1.120,7
2002.9	1.570,5	0.927,8	1.206,5	1.207,1	1.205,6	1.205,5	1.208,3	1.209,1	1.205,0	1.203,8
2002.10	1.603,0	0.938,8	1.226,2	1.226,8	1.225,5	1.225,4	1.228,0	1.228,9	1.224,8	1.223,5
2002.11	1.490,9	0.870,1	1.138,6	1.139,0	1.137,9	1.137,7	1.140,2	1.140,9	1.137,3	1.136,2
2002.12	1.460,5	0.849,5	1.113,3	1.113,8	1.112,6	1.112,5	1.114,9	1.115,6	1.112,0	1.110,9
均值	1.277,0	0.947,0	1.096,0	1.096,5	1.095,0	1.095,1	1.097,5	1.098,0	1.094,7	1.094,2

　　實際計算結果跟理論分析一致。拉氏指數與派氏指數直接一步計算跟分類逐步計算得到完全一樣的結果；但4個優指數一步直接計算跟分類逐步計算所得結果是不同的，略有差異。平均而言，Walsh差異為萬分之一左右，而其餘3個優指數差異為萬分之五左右，這是較小的差異，實際應用中可以忽略。可以認為各優指數分組逐步計算跟一步直接計算是無差異的。

4 中國現行 CPI 指數的編製方法

4.1 指數編製步驟

中國現行 CPI 指數編製過程包括以下幾個關鍵步驟：確定產品籃子、收集籃子產品的價格數據、收集權重資料、選擇指數編製公式、對 CPI 數據進行必要調整。其中價格信息的收集和權重的確認是基礎，指數編製公式的選擇是關鍵。

每月編製全國居民消費價格指數時確定的產品籃子包括 8 個大類 262 個基本分類的 600 餘種商品及服務項目。平均每個大類有 33 個基本分類，每個基本分類有 2~3 種商品或服務。CPI 指數產品籃子的八大類涵蓋全國城鄉居民生活消費的食品、菸酒及用品、衣著、家庭設備用品及維修服務、醫療保健和個人用品、交通和通信、娛樂教育文化用品及服務、居住。2016 年 1 月開始調整為食品菸酒、衣著、生活用品及服務、醫療保健、交通和通信、教育文化和娛樂、居住、其他用品和服務。作為對比，美國構成該指標的主要商品和服務共分七大類，分別包括：食品、酒和飲品；住宅；衣著；交通；醫藥健康；娛樂；其他商品及服務。

籃子產品的價格收集是在全國近 6 萬個價格調查點進行調查採集的。數據採集採用抽樣調查方法和人工採價。人工採價通過 PDA 手持採價系統完成，跟純手工採價方式相比，效率大大提高，及時性顯著增強，降低了人為錯誤，杜絕了隨意修改價格數據的可能。採用抽樣調查方法抽選確定調查網點，按照「定人、定點、定時」的採價原則，直接派人到調查網點採集原始價格。在保證價格準確的前提下，經國家統計局審定，各地可利用被調查單位的電子數據進行輔助採價，也可從互聯網採集特定商品和服務價格。中國的採價制度規定對工業消費品等一般性商品和服務每月採價 2~3 次，對價格變動比較頻繁、與居民生活密切相關的商品（如鮮活商品）至少每 5 天採價一次，對統一定價的商品（服務）或價格相對穩定的商品（服務）每月調查一次。數據來源於全國 31 個省（區、市）500 個市縣 6.3 萬餘家價格調查點，調查對象包括商場（店）、超市、農貿市場、服務網點和互聯網電商等。

按照大中小兼顧、地區分佈合理的原則，採用分層隨機抽樣確定調查市（縣）。確定價格調查點時，選擇經營品種齊全、銷售額大的商場（店）、超市、農貿市場、服務網點：特大城市和大城市必須選擇 5 個以上農貿市場和 3 個以上綜合型超市；中等城市必須選擇 3 個以上農貿市場和 2 個以上綜合型超市；小城市和縣必須選擇 2 個以上農貿市場和 1 個以上綜合型超市。同一規格品特大城市和大城市必須選擇 3 個以上價格調查點，中等城市必須選擇 2 個以上價格調查點，小城市和縣至少選擇 1 個價格調查點。

各地自行選定代表規格品，但需遵循以下原則：消費量較大；價格變動趨勢和程度有較強代表性；市場銷售份額大體相等的同一基本分類的不同規格品，性質差異愈大愈好，價格變動相關性愈低愈好；有較好的生產銷售前景；必須是合格產品。

CPI 的各項權重則根據對全國 11 萬戶城鄉居民家庭住戶調查資料及相關統計資料整理得出，同時輔以典型調查數據或專家評估予以補充和完善。根據居民家庭用於各種商品和服務的開支在所有消費商品和服務總開支中所占比重來計算，以反應居民的消費結構。根據國家統計局網站公布的數據，2006 年及 2011 年的權重如表 4.1 所示。

表 4.1　　　　2006 年及 2011 年中國 CPI 的 8 個大類權重

商品及服務類別	2006 年權重	2011 年權重
食品	33.6	31.39
居住	13.6	17.82
菸酒及用品	14.4	13.89
交通和通信	9.3	9.25
醫療保健及個人用品	9.4	9.04
衣著	9.0	8.51
家庭設備及維修服務	6.2	5.84
娛樂教育文化用品及服務	4.5	4.25

中國 CPI 計算首輪基期為 2000 年，每 5 年更換一次。中國 2016 年 1 月，

國家統計局根據 5 年一次基期輪換的規則，開始使用新的 CPI 計算基期，並調整了類別及各項權重。菸酒和原食品大類合併為食品菸酒，另外新增其他用品和服務大類，一併一增。調整後的 CPI 8 大類構成為食品菸酒、衣著、生活用品、醫療保健、交通通信、娛樂教育、居住、其他用品。新的類別和權重如表 4.2 所示：

表 4.2　　　　　　　　　2016 年中國 CPI 的 8 個大類權重

商品及服務類別	2016 年權重
食品菸酒	29.72
衣著	8.45
生活用品及服務	4.73
醫療保健	10.34
交通通信	10.48
娛樂教育	14.07
居住	20.00
其他用品和服務	2.21

CPI 指數編製方法、數據質量及數據發布以國際勞工組織等機構於 2004 年發布的《消費者價格指數手冊：理論與實踐》為指導。中國是通用數據公布系統（GDDS）的成員國，也按相關規定按月編製和發布月度 CPI。在中國眾多的統計指標中，CPI 指數是較早與國際規範接軌的，並按照國際貨幣基金組織（IMF）通用數據公布系統的要求公布在 IMF 網站上。

中國目前每月編製發布三個 CPI 總指數：一個是以上年同月為 100 的同比指數，比如 2015 年 9 月，全國居民消費價格總水準同比上漲 1.6%；一個是以上年同期為 100 的同期指數，比如 2015 年 1—9 月，全國居民消費價格總水準比去年同期上漲 1.4%；一個是以上月為 100 的環比指數，比如 2015 年 9 月，全國居民消費價格總水準環比上漲 0.1%。

4.2　價格指數的計算方法

中國在編製每月 CPI 指數時，首先採用簡單算術平均的方法，計算出第 i 個代表規格品當月在不同地點多次調查得到的平均價格 P_i。假設每月該規格

品調查了 m 個地點，每個地點調查了 n 次，則第 i 個規格品該月的平均價格為：

$$P_i = \frac{1}{m}\sum_{j=1}^{m}\left(\frac{1}{n}\sum_{k=1}^{n}P_{ijk}\right) \tag{4.1}$$

根據平均價格可算出最底層的 262 個基本分類的價格指數，中國跟多數國家一樣採用 Jevons 指數。

4.2.1 基本分類指數的計算

根據中國《居民消費價格指數統計調查方案》，基本分類的月環比指數根據代表規格品的價格變動相對數用幾何平均得到（即採用 Jevons 指數計算），基本分類的定基指數則在此基礎上將基期至報告期間各期的月環比指數連乘得到。

$$I_{基} = K_1 K_2 \cdots K_t \tag{4.2}$$

其中 K_t 為第 t 期的月環比指數。

4.2.2 類別及總指數的計算

根據基本分類的月環比指數及權重，可以計算出中類月環比指數和中類定基指數：

$$I_t^{環比} = \sum_{i=1}^{n} W_{t-1} \frac{P_t}{P_{t-1}} \tag{4.3}$$

$$I_t^{定基} = I_t^{環比} \times I_{t-1}^{定基} \tag{4.4}$$

其中 P_t 為中類下基本分類的定基鏈乘指數，$\frac{P_t}{P_{t-1}}$ 表示本期基本分類的環比指數（或理解為其本期的價格）。式（4.3）表明中國中類環比指數計算採用了 Young 指數，是一種拉氏指數的變形。定基指數採用環比指數連結相乘得到，沒有根據比較期與基期價格與份額數據直接計算得到，月間價格變化平緩時採用鏈乘的方式得到定基指數比直接計算的定基指數要好些，但依然存在連結偏誤的問題。同樣，根據中類月環比指數及中類的權重，可以計算出大類月環比指數和大類定基指數。

4.2.3 報告指數的換算方法

以上月為 100 的指數的計算公式為：

$$I^{環比} = \frac{報告期月定基指數}{上期月定基指數} \times 100 \tag{4.5}$$

也即報告月的環比指數。

以上年同月為100的指數的計算公式為：

$$I^{同比} = \frac{報告期月定基指數}{上年同期月定基指數} \times 100 \tag{4.6}$$

也即上年下月到本年報告月間的環比指數的乘積。

以上年同期為100的指數的計算公式為：

$$I^{同期} = \frac{本年1月到本月的月度定基指數的算術平均}{上年1月到本月的月度定基指數的算術平均} \times 100 \tag{4.7}$$

本年對12個月進行累計得到的指數就是年度環比指數，即：

$$I^{年度} = \frac{本年12個月月度累計定基指數的算術平均}{上年12個月月度累計定基指數的算術平均} \times 100 \tag{4.8}$$

得到各年年度環比指數後，其連乘結果即為年度定基指數。

使用年同比指數可以去除產品的季節性影響。

4.3 實際編製例子

以1997年1月至12月7種蔬菜的消費開支份額的平均值作為權重，四捨五入保留5位有效數字，所得權重結果如表4.3所示。所有權重滿足相加等於1的要求。

表4.3　　　　　　　7種蔬菜基本權重構成

卷心菜	花椰菜	黃瓜	土豆	胡蘿蔔	萵苣	茄子
0.073,30	0.041,04	0.272,16	0.398,03	0.086,78	0.053,72	0.074,97

可以看到：土豆所占開支份額最大，占比接近40%；其次是黃瓜，占比約為27.2%；其他各蔬菜所占開支份額則比較小。

進行價格指數計算時，中國會將不同規格品分為不同基本分類、中類及大類，分類分步計算價格指數。實證分析中我們採用3種分類方案分別進行計算。

分類方案1：將7種蔬菜每種作為一個大類，即每個大類只包含一個基本分類，每個基本分類包含一個代表規格品。

分類方案2：將7種蔬菜分為A、B、C三個大類，每個大類只包含一個基本分類，每個基本分類包含不同的代表規格品。具體分類情況如表4.4所示。

該分類方案的主要特點是，每類中不同規格品的消費份額大致類似。

表 4.4　　　　　　　　　　　分類方案 2

大類分類	A 類			B 類		C 類	
每類包含的規格品	卷心菜	花椰菜	黃瓜	土豆	胡蘿蔔	萵苣	茄子
每類權重	0.073,3	0.041,04	0.272,16	0.398,03	0.086,78	0.053,72	0.074,97
大類權重	0.114,34			0.670,19		0.215,47	

分類方案 3：同樣將 7 種蔬菜分為 A、B、C 三個大類，每個大類只包含一個基本分類，基本分類包含不同的代表規格品。具體分類情況如表 4.5 所示。該分類方案的主要特點是，A 類跟 B 類中，不同規格品的消費份額可能存在較大差異。

表 4.5　　　　　　　　　　　分類方案 3

大類分類	A 類			B 類		C 類	
每類包含的規格品	卷心菜	花椰菜	黃瓜	土豆	胡蘿蔔	萵苣	茄子
每類權重	0.073,3	0.041,04	0.272,16	0.398,03	0.086,78	0.053,72	0.074,97
大類權重	0.386,5			0.484,81		0.128,69	

4.3.1　分類方案 1 指數編製

以 1998 年 1 月為基期，按照中國 CPI 計算方案計算報告的各指數，代碼如下：

```
##設置權重
w=c(0.07330,0.04104,0.27216,0.39803,0.08678,0.05372,0.07497)
t1=13 #設置基期
s0=matrix(rep(w,T),N,T)    #維持份額與數量在不同時間不變

x=array(1,dim=c(8,T-(t1-1)))
for(i in 1:(T-t1)){
  t2=t1+i
  x[1,i+1]=YoungIndex(p,s0,t1,t2)    #定基直接計算
```

```
x[2,i+1]=chainedIndex(p,s0,t1,t2,1,method="YoungIndex") #定基月鏈
乘計算
x[3,i+1]=YoungIndex(p,s0,t2-1,t2)   #月環比
x[7,i+1]=Fisher(p,q,t1,t2)   #定基 Fisher 指數
x[8,i+1]=chainedIndex(p,q,t1,t2,1,method="Fisher") #定基 Fisher 鏈
乘指數
if (i>11) {
x[4,i+1]=chainedIndex(p,s0,t2-12,t2,1,method="YoungIndex") #定基
月鏈乘計算
x[5,i+1]=YoungIndex(p,s0,t2-12,t2)   #跟上年同月直接計算
}  #end if
}
####計算以上年同期為 100 的指數
for (i in 13:(T-t1+1)) {
averNum=i-floor(i/12)*12   #計算上年同期時需要平均的定基指數個數
if (averNum==0) averNum=12
x[6,i]=mean(x[2,(i-averNum+1):i])/mean(x[2,(i-averNum+1):i-12])
}
####
t(x) #列出計算的指數
```

算出的報告指數（包括以上月為 100 的指數、以上年同月為 100 的指數及以上年同期為 100 的指數）見表 4.6。

表 4.6　　分類方案 1 的中國 CPI 指數編製結果

日期	以上月為 100 的指數	以上年同月為 100 的指數	以上年同期為 100 的指數
1998 年 1 月	100.00	—	—
1998 年 2 月	96.94	—	—
1998 年 3 月	103.01	—	—
1998 年 4 月	107.17	—	—
1998 年 5 月	95.56	—	—

表4.6(續)

日期	以上月為100的指數	以上年同月為100的指數	以上年同期為100的指數
1998年6月	92.61	—	—
1998年7月	101.19	—	—
1998年8月	118.95	—	—
1998年9月	119.19	—	—
1998年10月	101.70	—	—
1998年11月	92.27	—	—
1998年12月	107.17	—	—
1999年1月	93.38	127.58	127.58
1999年2月	97.06	127.74	127.66
1999年3月	92.41	114.59	123.26
1999年4月	99.20	106.07	118.70
1999年5月	91.29	101.33	115.19
1999年6月	101.01	110.53	114.46
1999年7月	103.54	113.09	114.27
1999年8月	106.54	101.30	112.44
1999年9月	106.09	90.17	109.25
1999年10月	108.24	95.97	107.55
1999年11月	96.18	100.04	106.76
1999年12月	120.96	112.92	107.39
2000年1月	91.62	110.79	110.79
2000年2月	101.73	116.13	113.42
2000年3月	95.90	120.52	115.64
2000年4月	84.56	102.73	112.58
2000年5月	96.04	108.08	111.78
2000年6月	99.87	106.85	111.03
2000年7月	108.07	111.52	111.10
2000年8月	107.89	112.94	111.33
2000年9月	103.36	110.03	111.18
2000年10月	109.61	111.42	111.20
2000年11月	100.21	116.08	111.68

表4.6(續)

日期	以上月為 100 的指數	以上年同月為 100 的指數	以上年同期為 100 的指數
2000 年 12 月	93.79	90.01	109.38
2001 年 1 月	88.91	87.35	87.35
2001 年 2 月	97.87	84.03	85.67
2001 年 3 月	96.10	84.21	85.20
2001 年 4 月	109.68	109.23	90.39
2001 年 5 月	103.30	117.48	95.05
2001 年 6 月	102.89	121.04	98.85
2001 年 7 月	105.18	117.81	101.44
2001 年 8 月	115.46	126.07	104.61
2001 年 9 月	106.73	130.17	107.61
2001 年 10 月	96.65	114.78	108.42
2001 年 11 月	98.89	113.26	108.92
2001 年 12 月	101.95	123.12	110.16
2002 年 1 月	108.77	150.61	150.61
2002 年 2 月	97.29	149.71	150.16
2002 年 3 月	88.50	137.85	146.20
2002 年 4 月	100.91	126.82	141.14
2002 年 5 月	90.98	111.70	134.88
2002 年 6 月	100.36	108.95	130.23
2002 年 7 月	98.01	101.52	125.68
2002 年 8 月	111.43	97.97	121.39
2002 年 9 月	107.12	98.34	118.12
2002 年 10 月	101.90	103.69	116.38
2002 年 11 月	93.32	97.85	114.40
2002 年 12 月	98.59	94.62	112.47

在表 4.6 中，將每年 12 月的「以上年同期為 100 的指數」提取出來，可得到年度環比指數，根據年度環比指數，可計算出年度定基指數。所得年度指數見表 4.7。

表4.7　分類方案1的中國CPI指數編製法得到的年度指數

年度	年環比指數	年定基指數
1999	107.39	107.39
2000	109.38	117.46
2001	110.16	129.39
2002	112.47	145.52

中國定基指數的計算採用鏈乘的方式得到，為了考察鏈偏誤，我們也將分類方案1的比較期與基期的直接計算的指數進行對比，結果如表4.8所示：

表4.8　分類方案1的中國CPI指數編製法的鏈偏誤情況

日期	月定基直接指數	月定基鏈乘指數	以上年同月為1的鏈乘指數	以上年同月為1的直接指數
1998年1月	1.000,0	1.000,0	—	—
1998年2月	0.969,4	0.969,4	—	—
1998年3月	1.000,0	0.998,6	—	—
1998年4月	1.079,5	1.070,1	—	—
1998年5月	1.019,4	1.022,6	—	—
1998年6月	0.929,7	0.947,0	—	—
1998年7月	0.942,0	0.958,3	—	—
1998年8月	1.121,2	1.139,9	—	—
1998年9月	1.370,1	1.358,6	—	—
1998年10月	1.361,6	1.381,7	—	—
1998年11月	1.218,9	1.274,9	—	—
1998年12月	1.269,3	1.366,2	—	—
1999年1月	1.166,0	1.275,8	1.275,8	1.166,0
1999年2月	1.131,0	1.238,2	1.277,4	1.164,4
1999年3月	1.041,4	1.144,2	1.145,9	1.052,7
1999年4月	1.029,9	1.135,1	1.060,7	0.983,0
1999年5月	0.939,6	1.036,2	1.013,3	0.938,1

表4.8(續)

日期	月定基 直接指數	月定基 鏈乘指數	以上年 同月為1 的鏈乘指數	以上年 同月為1 的直接指數
1999年6月	0.950,1	1.046,7	1.105,3	1.026,3
1999年7月	0.987,7	1.083,8	1.130,9	1.048,9
1999年8月	1.048,1	1.154,7	1.013,0	0.947,0
1999年9月	1.104,8	1.225,0	0.901,7	0.865,5
1999年10月	1.194,9	1.326,0	0.959,7	0.929,1
1999年11月	1.139,8	1.275,4	1.000,4	0.955,7
1999年12月	1.376,2	1.542,7	1.129,2	1.085,0
2000年1月	1.251,6	1.413,5	1.107,9	1.084,9
2000年2月	1.280,3	1.437,9	1.161,3	1.134,6
2000年3月	1.221,5	1.379,0	1.205,2	1.172,0
2000年4月	1.027,3	1.166,1	1.027,3	0.993,9
2000年5月	0.984,3	1.119,9	1.080,8	1.042,9
2000年6月	0.971,6	1.118,4	1.068,5	1.023,2
2000年7月	1.049,2	1.208,7	1.115,2	1.069,3
2000年8月	1.130,1	1.304,0	1.129,4	1.080,1
2000年9月	1.162,8	1.347,9	1.100,3	1.054,4
2000年10月	1.261,3	1.477,4	1.114,2	1.065,4
2000年11月	1.263,9	1.480,5	1.160,8	1.108,9
2000年12月	1.183,5	1.388,5	0.900,1	0.869,2
2001年1月	1.050,8	1.234,6	0.873,5	0.849,3
2001年2月	1.027,1	1.208,3	0.840,3	0.821,4
2001年3月	0.987,4	1.161,2	0.842,1	0.819,9
2001年4月	1.082,5	1.273,7	1.092,3	1.057,3
2001年5月	1.110,1	1.315,7	1.174,8	1.141,8
2001年6月	1.136,2	1.353,7	1.210,4	1.173,2
2001年7月	1.195,9	1.423,9	1.178,1	1.151,6

表4.8(續)

日期	月定基直接指數	月定基鏈乘指數	以上年同月為1的鏈乘指數	以上年同月為1的直接指數
2001年8月	1.370,7	1.644,0	1.260,7	1.246,4
2001年9月	1.462,8	1.754,6	1.301,7	1.283,9
2001年10月	1.398,1	1.695,7	1.147,8	1.112,5
2001年11月	1.386,5	1.676,8	1.132,6	1.109,1
2001年12月	1.395,8	1.709,6	1.231,2	1.185,7
2002年1月	1.506,4	1.859,4	1.506,1	1.453,7
2002年2月	1.445,3	1.808,9	1.497,1	1.417,1
2002年3月	1.265,7	1.600,8	1.378,5	1.296,6
2002年4月	1.277,3	1.615,3	1.268,2	1.191,8
2002年5月	1.162,0	1.469,7	1.117,0	1.052,4
2002年6月	1.157,8	1.474,9	1.089,5	1.020,4
2002年7月	1.136,4	1.445,5	1.015,2	0.952,5
2002年8月	1.261,9	1.610,7	0.979,7	0.929,0
2002年9月	1.356,6	1.725,4	0.983,4	0.941,0
2002年10月	1.377,2	1.758,3	1.036,9	0.998,1
2002年11月	1.281,1	1.640,8	0.978,5	0.948,7
2002年12月	1.253,0	1.617,6	0.946,2	0.902,6

其中定基指數按照月環比指數鏈乘得到。定基直接指數按照比較期與基期價格及選定的權重直接計算得到。可以看到，鏈偏誤是相對嚴重的。

4.3.2 分類方案2指數編製

以1998年1月為基期，按照中國 CPI 計算方案，按照分類方案2進行指數編製，計算各指數的代碼如下：

t(p[1:2,])#顯示 A 類

t(p[3:4,])　#顯示 B 類

t(p[5:7,])　#顯示 C 類

```
w=c(0.11434,0.67019,0.21547)    #A、B、C 三類的權重
s0=matrix(rep(w,T),3,T)    #維持份額與數量在不同時間不變


t1=13 #設置原始基期
#####
#計算 3 個基本分類定基鏈乘 Jevons 指數
p1=array(1,dim=c(3,T-(t1-1)))  #用於存儲 3 個基本分類定基鏈乘 Jevons 指數
    for (i in 1:(T-t1)){
    t2=t1+i
    p1[1,i+1]=chainedIndex(p[1:2,],q[1:2,],t1,t2,1,method = "Jevons") #定基鏈乘
    p1[2,i+1]=chainedIndex(p[3:4,],q[3:4,],t1,t2,1,method = "Jevons") #定基鏈乘
    p1[3,i+1]=chainedIndex(p[5:7,],q[5:7,],t1,t2,1,method = "Jevons") #定基鏈乘
    }
######
x=array(1,dim=c(8,T-(t1-1)))
t1=1 #設置新基期,注意此時的價格矩陣 p1 基期起點位置跟原始價格矩陣 p 基期起點位置不同
    for (i in 1:(dim(x)[2]-1)){
    t2=t1+i
    x[1,i+1]=YoungIndex(p1,s0,t1,t2)    #定基直接計算
    x[2,i+1]=chainedIndex(p1,s0,t1,t2,1,method = "YoungIndex") #定基月鏈乘計算
    x[3,i+1]=YoungIndex(p1,s0,t2-1,t2)    #月環比

    if (i>11){
    x[4,i+1]=chainedIndex(p1,s0,t2-12,t2,1,method = "YoungIndex") #定基月鏈乘計算
    x[5,i+1]=YoungIndex(p1,s0,t2-12,t2)    #跟上年同月直接計算
    }  #end if
```

```
        }
####計算以上年同期為100的指數
for ( i in 13:( dim( x )[2])) {
averNum = i-floor( i/12 ) * 12    #計算上年同期時需要平均的定基指數個數
if ( averNum = = 0 ) averNum = 12
x[6,i] = mean ( x[2,( i-averNum + 1 ) : i])/mean ( x[2,( i-averNum + 1 ) : i-
12])
        }
####
t( x )
```

算出的分類方案2的報告指數（包括以上月為100的指數、以上年同月為100的指數及以上年同期為100的指數）見表4.9。

表4.9   分類方案2的中國CPI指數編製結果

日期	以上月為100的指數	以上年同月為100的指數	以上年同期為100的指數
1998年1月	100.00	—	—
1998年2月	96.74	—	—
1998年3月	104.25	—	—
1998年4月	107.91	—	—
1998年5月	94.17	—	—
1998年6月	91.06	—	—
1998年7月	101.06	—	—
1998年8月	118.71	—	—
1998年9月	117.98	—	—
1998年10月	100.30	—	—
1998年11月	91.29	—	—
1998年12月	108.63	—	—
1999年1月	90.07	118.33	118.33
1999年2月	97.11	118.79	118.55
1999年3月	93.01	105.98	114.29

表4.9(續)

日期	以上月為 100 的指數	以上年同月為 100 的指數	以上年同期為 100 的指數
1999 年 4 月	99.23	97.45	109.78
1999 年 5 月	91.49	94.68	106.74
1999 年 6 月	101.49	105.53	106.55
1999 年 7 月	104.36	108.97	106.88
1999 年 8 月	105.39	96.75	105.48
1999 年 9 月	106.54	87.37	102.93
1999 年 10 月	109.02	94.97	101.95
1999 年 11 月	94.69	98.51	101.60
1999 年 12 月	121.51	110.19	102.45
2000 年 1 月	90.81	111.10	111.10
2000 年 2 月	101.88	116.55	113.78
2000 年 3 月	95.90	120.17	115.79
2000 年 4 月	83.68	101.34	112.35
2000 年 5 月	94.91	105.12	111.06
2000 年 6 月	100.74	104.34	110.03
2000 年 7 月	108.31	108.29	109.79
2000 年 8 月	104.90	107.78	109.54
2000 年 9 月	103.67	104.88	108.98
2000 年 10 月	110.52	106.32	108.67
2000 年 11 月	100.87	113.26	109.12
2000 年 12 月	93.38	87.04	106.77
2001 年 1 月	88.09	84.43	84.43
2001 年 2 月	98.66	81.77	83.09
2001 年 3 月	96.18	82.00	82.73
2001 年 4 月	109.68	107.49	88.04
2001 年 5 月	102.73	116.34	92.83
2001 年 6 月	101.45	117.17	96.37

表4.9(續)

日期	以上月為100的指數	以上年同月為100的指數	以上年同期為100的指數
2001年7月	104.67	113.22	98.66
2001年8月	116.63	125.88	102.06
2001年9月	107.51	130.54	105.33
2001年10月	93.53	110.47	105.91
2001年11月	97.86	107.18	106.04
2001年12月	102.53	117.68	107.05
2002年1月	109.70	146.55	146.55
2002年2月	95.27	141.50	144.04
2002年3月	86.92	127.88	138.82
2002年4月	101.16	117.95	133.36
2002年5月	89.98	103.31	126.99
2002年6月	101.25	103.11	122.76
2002年7月	98.51	97.04	118.74
2002年8月	111.58	92.84	114.75
2002年9月	106.44	91.92	111.50
2002年10月	102.18	100.42	110.20
2002年11月	93.95	96.40	108.78
2002年12月	97.85	92.01	107.18

在表4.9中，將每年12月的「以上年同期為100的指數」提取出來，可得到分類方案2的年度環比指數，根據年度環比指數，可計算出年度定基指數。所得分類方案2的年度指數見表4.10。

表4.10　分類方案2的中國CPI指數編製法得到的年度指數

年度	年環比指數	年定基指數
1998	100	100
1999	102.45	102.45
2000	106.77	109.39

表4.10(續)

年度	年環比指數	年定基指數
2001	107.05	117.10
2002	107.18	125.51

4.3.3 分類方案3指數編製

以1998年1月為基期，按照中國CPI計算方案，按照分類方案3進行指數編製，計算各指數的代碼如下：

```
w=c(0.3865,0.48481,0.12869)   #A、B、C三類的權重
s0=matrix(rep(w,T),3,T)       #維持份額與數量在不同時間不變


t1=13 #設置原始基期
#####
#計算3個基本分類定基鏈乘Jevons指數
p1=array(1,dim=c(3,T-(t1-1))) #用於存儲3個基本分類定基鏈乘Jevons指數
for(i in 1:(T-t1)){
t2=t1+i
p1[1,i+1]=chainedIndex(p[1:2,],q[1:2,],t1,t2,1,method = "Jevons")
#定基鏈乘
p1[2,i+1]=chainedIndex(p[3:4,],q[3:4,],t1,t2,1,method = "Jevons")
#定基鏈乘
p1[3,i+1]=chainedIndex(p[5:7,],q[5:7,],t1,t2,1,method = "Jevons")
#定基鏈乘
}
######
x=array(1,dim=c(6,T-(t1-1)))
```

t1=1 #設置新基期，注意此時的價格矩陣p1基期起點位置跟原始價格矩陣p基期起點位置不同

```
for(i in 1:(dim(x)[2]-1)){
```

```
        t2 = t1 + i
        x[1,i+1] = YoungIndex(p1,s0,t1,t2)    #定基直接計算
        x[2,i+1] = chainedIndex(p1,s0,t1,t2,1,method = "YoungIndex") #定基月
鏈乘計算
        x[3,i+1] = YoungIndex(p1,s0,t2-1,t2)    #月環比
        if(i>11){
          x[4,i+1] = chainedIndex(p1,s0,t2-12,t2,1,method = "YoungIndex") #定基
月鏈乘計算
          x[5,i+1] = YoungIndex(p1,s0,t2-12,t2)    #跟上年同月直接計算
        }   #end if
    }
    ####計算以上年同期為100的指數
    for(i in 13:(dim(x)[2])){
        averNum = i-floor(i/12)*12   #計算上年同期時需要平均的定基指數個數
        if(averNum==0) averNum = 12
        x[6,i] = mean(x[2,(i-averNum+1):i])/mean(x[2,(i-averNum+1):i-
12])
    }
    ####
    t(x)
```

算出的分類方案3的報告指數（包括以上月為100的指數、以上年同月為100的指數及以上年同期為100的指數）見表4.11。

表4.11　　　　　分類方案3的中國CPI指數編製結果

日期	以上月為 100的指數	以上年同月為 100的指數	以上年同期為 100的指數
1998年1月	100.00	——	——
1998年2月	95.87	——	——
1998年3月	104.17	——	——
1998年4月	105.45	——	——
1998年5月	98.21	——	——
1998年6月	96.91	——	——

表4.11(續)

日期	以上月為100的指數	以上年同月為100的指數	以上年同期為100的指數
1998 年 7 月	101.39	—	—
1998 年 8 月	124.39	—	—
1998 年 9 月	130.42	—	—
1998 年 10 月	95.82	—	—
1998 年 11 月	85.93	—	—
1998 年 12 月	101.51	—	—
1999 年 1 月	90.43	124.61	124.61
1999 年 2 月	93.30	121.26	122.97
1999 年 3 月	94.88	110.45	118.74
1999 年 4 月	97.90	102.55	114.49
1999 年 5 月	93.34	97.47	111.00
1999 年 6 月	103.87	104.46	109.92
1999 年 7 月	108.77	112.07	110.23
1999 年 8 月	107.15	96.53	108.15
1999 年 9 月	104.26	77.17	103.03
1999 年 10 月	104.96	84.53	100.50
1999 年 11 月	95.26	93.71	99.79
1999 年 12 月	116.66	107.70	100.55
2000 年 1 月	87.56	104.28	104.28
2000 年 2 月	101.27	113.19	108.58
2000 年 3 月	98.85	117.92	111.51
2000 年 4 月	85.38	102.84	109.47
2000 年 5 月	96.15	105.93	108.84
2000 年 6 月	102.66	104.70	108.18
2000 年 7 月	112.90	108.67	108.26
2000 年 8 月	108.72	110.27	108.53
2000 年 9 月	101.41	107.25	108.37

表4.11(續)

日期	以上月為 100 的指數	以上年同月為 100 的指數	以上年同期為 100 的指數
2000 年 10 月	105.70	108.01	108.33
2000 年 11 月	100.24	113.66	108.86
2000 年 12 月	92.90	90.51	106.96
2001 年 1 月	89.87	92.89	92.89
2001 年 2 月	98.07	89.95	91.41
2001 年 3 月	96.59	87.89	90.24
2001 年 4 月	107.49	110.65	94.75
2001 年 5 月	98.65	113.54	98.05
2001 年 6 月	105.63	116.82	100.91
2001 年 7 月	104.61	108.25	101.99
2001 年 8 月	113.29	112.80	103.47
2001 年 9 月	108.77	120.99	105.62
2001 年 10 月	94.31	107.95	105.89
2001 年 11 月	97.06	104.53	105.75
2001 年 12 月	102.90	115.79	106.62
2002 年 1 月	106.31	136.96	136.96
2002 年 2 月	95.42	133.27	135.13
2002 年 3 月	88.40	121.96	130.87
2002 年 4 月	100.48	114.01	126.52
2002 年 5 月	91.46	105.69	122.29
2002 年 6 月	102.39	102.45	118.79
2002 年 7 月	100.86	98.78	115.67
2002 年 8 月	115.63	100.82	113.44
2002 年 9 月	110.54	102.46	111.90
2002 年 10 月	98.00	106.46	111.27
2002 年 11 月	92.41	101.36	110.26
2002 年 12 月	95.75	94.32	108.74

在表 4.11 中,將每年 12 月的「以上年同期為 100 的指數」提取出來,可得到年度環比指數,根據年度環比指數,可計算出年度定基指數。所得分類方案 3 的年度指數見表 4.12。

表 4.12　　　　　　　　分類方案 3 的中國 CPI 指數
編製法得到的年度指數

年度	年環比指數	年定基指數
1998	100	100
1999	100.55	100.55
2000	106.96	107.55
2001	106.62	114.67
2002	108.74	124.70

5 大數據背景下中國現行 CPI 指數計算方法的特點和缺陷

第 4 章介紹了中國現行 CPI 指數的編製步驟、計算方法，並用實際數據按照我們 CPI 指數的編製方案編製了報告的實際指數。本章我們從指數編製的角度，基於理論分析和實證研究，在大數據背景下對中國現行 CPI 指數計算方法的特點和缺陷進行研究。研究表明：中國價格指數編製方案所得到的匯總指數對代表規格品類別歸屬變化敏感，代表規格品的不同歸類可能導致匯總指數的巨大差異；同比指數跟定基指數均存在明顯的鏈偏誤；同期指數的計算方法是不合理的；計算基本分類價格指數時，由於沒有採集利用量的數據信息，以致代表規格品的平均價格誇大真實採購的平均價格，且誇大支出份額占比較小的規格品價格變化的影響。

5.1 引言

CPI 指數是市場經濟活動觀察、宏觀經濟分析和政策制定的重要參考指標。CPI 穩定、就業充分及 GDP 增長往往是最重要的社會經濟目標。故而快速、科學、準確地編製 CPI 指數非常重要。

最近十來年，隨著信息技術的發展和網絡的普及，數據的採集、儲存、分析和應用都在發生著深刻的變化，傳統抽樣統計方法和思想正面臨嚴峻挑戰。大數據時代的到來，為政府 CPI 指數編製統計工作打開另一種思路（鄭京平、王全眾，2012；馬建堂，2013）。新修訂的《中華人民共和國統計法》中明確規定，統計調查要「充分利用行政記錄等資料」，這為官方 CPI 編製使用大數據提供了法律依據。在 CPI 的編製發布過程中應用大數據技術和大數據思維符合時代發展的潮流，是政府官方價格指數統計需要認真研究的新課題。

近年來很多國家嘗試研究利用大型商場結算時的掃描大數據編製 CPI 指

數，目前荷蘭、挪威、瑞士和瑞典等國在編製本國 CPI 時正式使用了掃描大數據（Grient & Haan, 2010）。當然出於謹慎性考慮，四個國家在使用電子化的掃描大數據編製 CPI 前都先進行過實證驗證研究，以比較與傳統方法的異同，並一般都先從最常見的食品類產品開始嘗試。

國內學者和機構企業對大數據背景下改進中國 CPI 指數編製也進行了初步研究和有益嘗試。

理論方面，陳相成、喬晗（2013）對各國利用掃描數據進行 CPI 指數編製的方法進行了比較研究。李紹泰、劉建平（2015）對基於掃描數據進行 CPI 基本分類指數編製的方法進行了研究。陳夢根、劉浩（2015）對大數據背景下改進中國 CPI 統計質量在數據採集、質量調整等方面提出了建議。

實踐方面，從 2011 年開始，基於淘寶和天貓平臺的網絡零售交易的商品和服務價格，阿里巴巴集團推出了網絡零售價格指數。該指數以淘寶和天貓平臺的網絡交易的即時數據為基礎進行計算，可以做到快速發布。該指數使用整個網站全部的交易數據，是大數據技術和思維的產物，每筆商品交易價格都會影響指數的最終結果。2014 年 5 月，上海市統計局也與國內最大的 B2C 食品飲料類電商「1 號店」進行合作，由上海市統計局提供方法和技術指導，基於「1 號店」的銷售數據，共同構建「『1 號店』快速消費品價格指數」。

大數據背景下，基於理論分析和實證研究，本章從指數編製方法的角度，對中國現行 CPI 指數計算方法的特點和缺陷進行深入研究，為改進中國 CPI 指數計算提供基礎和前提。

5.2 實證數據來源及其變化特徵

跟第 4 章一樣，實證研究中具體指數計算時所用數據來源於 Diewert、Finkel 和 Artsev（2009）的研究結果，包括以色列 7 類蔬菜 1997 年 1 月—2002 年 12 月共 72 個月的月度平均價格及所占蔬菜消費開支的份額數據。7 種蔬菜包括卷心菜、花椰菜、黃瓜、土豆、胡蘿蔔、萵苣及茄子。其價格及所占開支份額隨時間而變化的曲線如圖 5.1、圖 5.2 所示。

图5.1 各蔬菜价格变化时序图

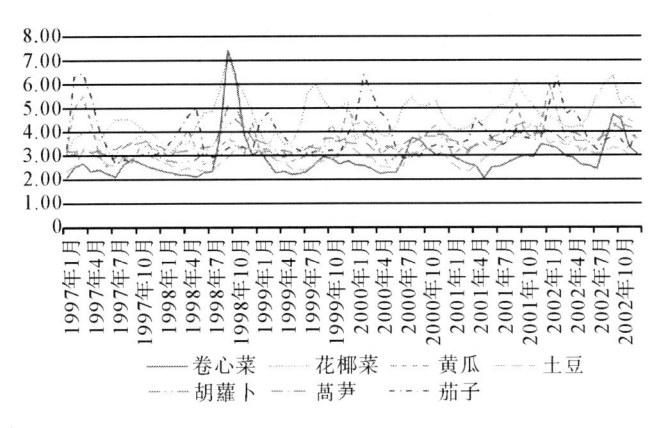

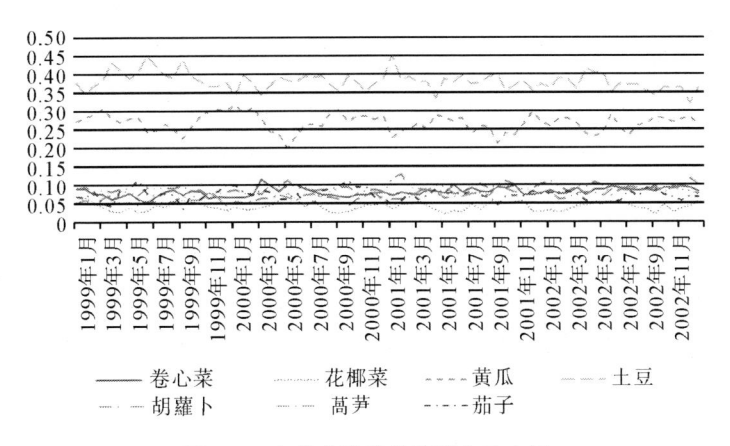

可以看到，各种蔬菜的价格随时间波动变化，波动性较大，波动存在一定季节周期性特点，但周期性规律并不是非常显著。

图5.2 各蔬菜消费份额变化时序图

各蔬菜消费所占开支份额也波动变化，但波动幅度较小，相对比较稳定。并且可以看到，各蔬菜所占开支份额并不均衡，存在较大差异。

按照中国的CPI指数编制思路，我们将7种蔬菜作为7种代表规格品，在编制汇总CPI指数时，首先要确定各规格品归属的基本分类和大类。实证研究中我们选择4.3节同样的分类方案及计算方法，以3种不同分类方案进行实证对比分析研究。

三种分类方案各有特点，三种方案的区别在于：方案1每个基本分类只有一个代表规格品，因而不同层级指数计算时每个代表规格品都有自己的权重信息；方案2各大类不同规格品的消费份额相对均衡；而方案3的A类、B类不

5 大数据背景下中国现行CPI指数计算方法的特点和缺陷 | 105

同規格品消費份額不均衡，差異較大。

5.3 中國 CPI 指數計算方法的特點和缺陷

5.3.1 最終匯總指數受到代表規格品分類的影響

中國每月編製全國居民消費價格指數時確定的代表規格品包括 8 個大類 262 個基本分類的 600 餘種商品及服務項目。也就是說，每月編製 CPI 時選擇的 600 餘種代表規格品，都要歸屬到不同的基本分類和不同的大類中。這種分類是人為選擇和設定的。理想的指數計算方案，最終匯總計算出的總價格指數應該與各代表規格品歸屬到什麼基本分類和大類沒有關係，或者說類別歸屬的改變不應該影響 CPI 指數計算的結果。比如 2016 年 1 月，國家統計局就對大類類別進行了調整，將菸酒和原食品大類合併為「食品菸酒」，另外新增了「其他用品和服務」大類。大類調整也會帶來代表規格品類別歸屬的改變。這種分類的變化不應該改變最終指數計算的結果，我們通過實證分析來驗證中國指數編製方案能否滿足這一要求。

對實證數據，我們按照方案 1、2、3 三種不同分類方式，計算出「以上月為 100 的環比指數」，其變化曲線如圖 5.3 所示。

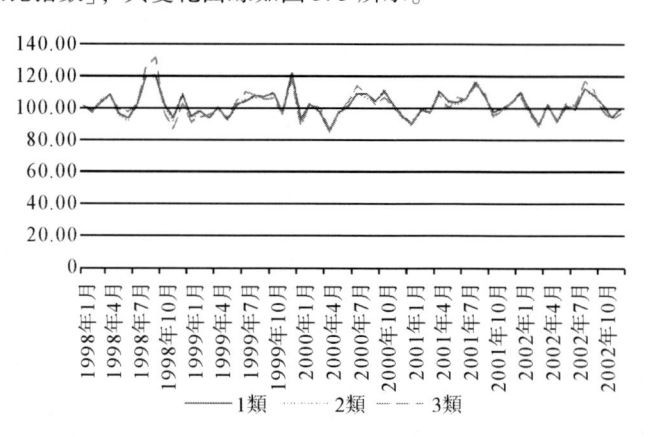

圖 5.3　3 種分類方案下「以上月為 100 的環比指數」的變化曲線

可以看出，3 條曲線維持大致相同的變化模式，但並不重疊，表明所得結果並不相同。平均而言，1 類方案均值為 101.08；2 類方案均值為 100.83，比 1 類低 0.25；3 類方案均值為 100.99，比 1 類低 0.09。整體而言，差異還不算很大，但也明顯可以看出，第3類方案所得指數結果波動較大。

按照1、2、3三種不同分類方案，我們再計算出「以上年同月為100的同比指數」，其變化曲線如圖5.4所示。

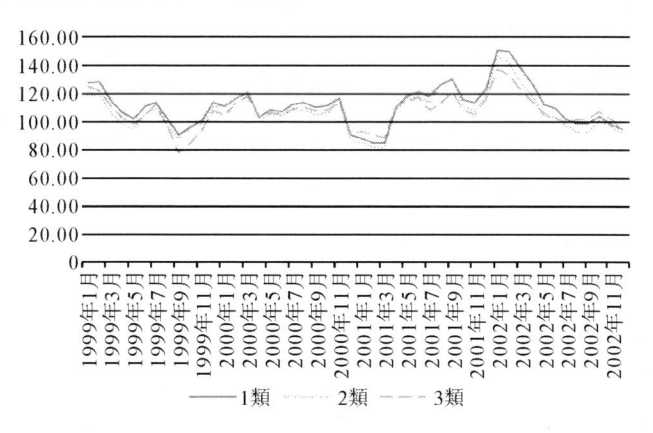

圖5.4　3種分類方案下「以上年同月為100的同比指數」的變化曲線

可以看出，3條曲線一樣維持大致相同的變化模式，但也不重疊，且在各月份存在明顯的差異。平均而言，1類均值為110.97；2類均值為106.85，比1類低4.12；3類均值為106.67，比1類低4.3。整體而言，差異已經非常明顯。

1、2、3三種不同分類方式下，計算出的「以上年同期為100的同期指數」變化曲線如圖5.5所示。

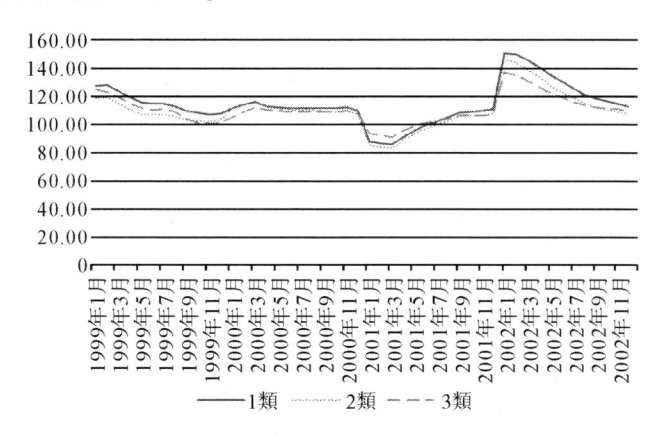

圖5.5　3種分類方案下「以上年同期為100的同期指數」的變化曲線

可以看出，3條曲線也維持大致相同的變化模式，但也不重疊，且在各月份存在明顯的差異。平均而言，1類均值為113.98；2類均值為109.56，比1

類低4.42；3類均值為109.66，比1類低4.32。整體而言，差異也非常明顯。

方案1、2、3三種不同分類方式下，計算出的年環比指數及年定基指數如表5.1、表5.2所示。

表5.1　　　　　　　　不同分類方案的年環比指數

年度	1類	2類	3類
1998	100	100	100
1999	107.39	102.45	100.55
2000	109.38	106.77	106.96
2001	110.16	107.05	106.62
2002	112.47	107.18	108.74

表5.2　　　　　　　　不同分類方案的年定基指數

年度	1類	2類	3類
1998	100	100	100
1999	107.39	102.45	100.55
2000	117.46	109.39	107.55
2001	129.39	117.10	114.67
2002	145.52	125.51	124.70

可見，不同分類情況下，年環比指數與年定基指數均差異巨大，表明不同分類對結果影響非常顯著。

以上結果表明，中國CPI指數計算方案所得匯總指數對代表規格品類別歸屬變化敏感，代表規格品的不同歸類可能導致最終匯總指數存在巨大差異，違背理想指數歸類不影響匯總指數的要求。

5.3.2　巨大的鏈偏誤

中國定基指數的計算採用每月（年）環比指數鏈乘的方式得到，當然也可以根據比較期與基期的價格與支出份額數據直接計算得到。理想的價格指數應該是鏈乘得到的指數跟直接計算得到的指數相等，否則存在鏈偏誤。

按照分類方案1，我們以1998年1月為基期計算定基指數，所得鏈乘指數與直接指數結果如圖5.6所示。

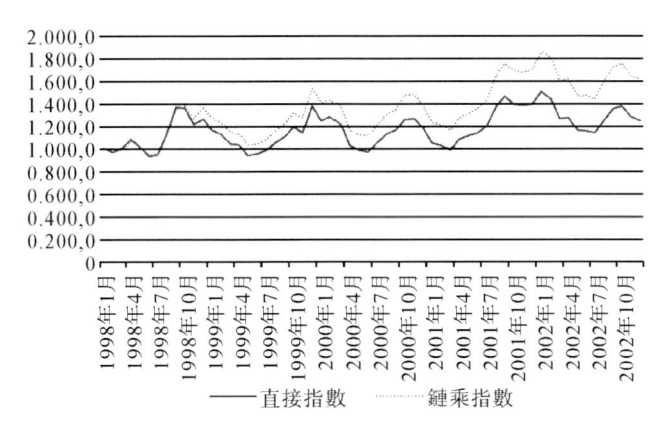

图 5.6 定基直接指数与链乘指数的变化曲线（分类方案一）

可以看到，最初几期直接指数与链乘指数差异不大，随着比较期离基期时间间隔拉长，链偏误变得非常严重。比如到 2002 年 12 月，跟 1998 年 1 月的基期相比，直接计算得到的指数为 1.253,0，相当于物价上涨 25.30%；而链乘指数为 1.617,6，相当于物价上涨 61.76%。链乘指数严重夸大了物价上涨幅度。

中国报告的同比指数采用链乘方式得到报告月跟上年同月的价格变化，中间隔 11 个月，故而也可计算直接指数并跟链乘指数进行比较。同样按照第一类分类方案，链乘与直接计算所得的同比指数结果如图 5.7 所示。

图 5.7 同比指数直接计算与链乘计算结果的变化曲线（分类方案一）

可以看到，由于比较期离基期的间隔相等且相对较短，链偏误不算非常严重，但也存在明显差异。比如在 2002 年 12 月，直接计算的同比指数为 0.902,6，相当于物价下降 9.74%；而链乘指数为 0.946,2，相当于物价下降

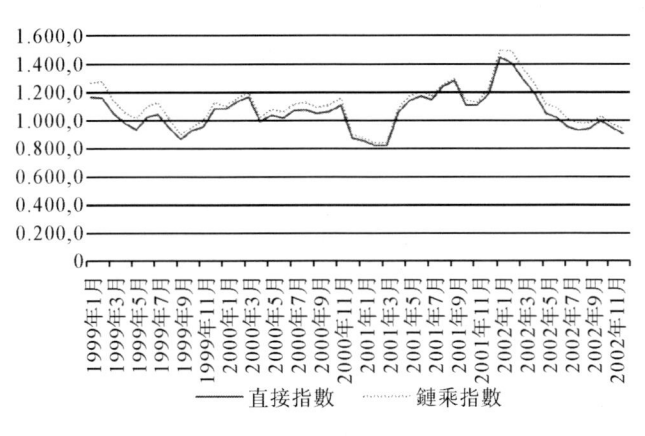

5.38%。直接計算跟鏈乘計算所得結果也存在明顯差異。

5.3.3 同期指數計算的不合理性

按照中國指數計算方案，同期指數以報告年 1 月至報告月的月定基指數的算術平均值除以上年 1 月至報告月的月定基指數的算術平均值。假設報告年的上年 12 月為 t，報告年上年的上年 12 月為 s，從基期開始的第 t 期的月環比指數簡記為 I_t，則報告年第 k 月的定基指數為 $I_1 I_2 \cdots I_t I_{t+1} \cdots I_{t+k}$，其上年第 k 月的定基指數為 $I_1 I_2 \cdots I_s I_{s+1} \cdots I_{s+k}$。按照同期指數的計算公式（4.7），報告年第 k 月的同期指數為：

$$I^{同期} = \frac{(I_1 I_2 \cdots I_t I_{t+1} + I_1 I_2 \cdots I_t I_{t+1} I_{t+2} + \cdots + I_1 I_2 \cdots I_t I_{t+1} \cdots I_{t+k})/k}{(I_1 I_2 \cdots I_s I_{s+1} + I_1 I_2 \cdots I_s I_{s+1} I_{s+2} + \cdots + I_1 I_2 \cdots I_s I_{s+1} \cdots I_{s+k})/k}$$

$$= \frac{I_1 I_2 \cdots I_t (I_{t+1} + I_{t+1} I_{t+2} + \cdots + I_{t+1} \cdots I_{t+k})}{I_1 I_2 \cdots I_s (I_{s+1} + I_{s+1} I_{s+2} + \cdots + I_{s+1} \cdots I_{s+k})} \qquad (5.1)$$

$$= I_{s+1} I_{s+2} \cdots I_t \frac{(I_{t+1} + I_{t+1} I_{t+2} + \cdots + I_{t+1} \cdots I_{t+k})}{(I_{s+1} + I_{s+1} I_{s+2} + \cdots + I_s I_{s+1} \cdots I_{s+k})}$$

其中 $I_{s+1} I_{s+2} \cdots I_t$ 實質上為報告年的上年第 12 月的同比指數。可以看到，同期指數跟上年 1 月到報告年報告月的各月環比指數相關，但跟上年 1 月之前的各月環比指數無關。同時可以看到，1 月至報告月的各月環比指數在公式中並不對稱，1 月有最大的影響，2 月其次，而報告月的影響最小。編製同期指數的目的本來是試圖比較報告年 1 月到報告月的期間整體物價跟上年同期整體物價的變化，從式（5.1）可以看到，中國同期指數的計算並不能合理地度量期間物價的整體變化，並且跟同比、環比等其他物價指數的定義思路也不一致。而年環比指數就是每年 12 月的同期指數，年定基指數基於年環比指數鏈乘得到，表明年環比指數與年定基指數存在同樣的問題。

所以同期指數的計算是不合理的，應該換用其他計算思路。比如可借用 Mudgett（1955）與 Stone（1956）提出的年度指數計算思路，將 1 月到比較月的同一商品看成不同商品，再按照月環比指數的計算思路進行計算。

5.3.4 誇大了消費份額小的產品價格變化的影響

CPI 指數編製過程中，各基本分類有多種代表規格品。按照中國目前的數據採集規範，各代表規格品只採集價格數據，沒有相關量或份額的數據信息。故而在計算基本分類價格指數時，只能基於平均價格進行非加權指數計算，相當於做了等權重的假設。這就明顯誇大了消費份額小的代表規格品價格變化的影響。比如在實證分析第 3 分類方案中，B 類中土豆支出份額為 0.398，胡蘿蔔支出份額為 0.086,78。假設土豆價格上漲 1 倍，胡蘿蔔價格下降 50%，則算出的價格指數將保持不變。但顯然此時人們為維持相同的生活水準，消費開支將顯著上升，算出的指數誇大了支出份額占比較小的規格品價格變化的影響，同時降低了支出份額占比較大的規格品價格變化的影響。

故而在確定基本分類的代表規格品時，理想情況不同代表規格品的支出份額應該相同，但實際上難以做到。按照 Grient 和 Haan（2010）的研究，基本分類中各代表規格品的支出份額存在較大差異，是不均衡的，通常少數代表規格品占據多數支出份額。這樣按等權假設計算的基本分類價格指數及上層價格指數就會誇大消費份額小的規格品價格變化的影響。

5.3.5 平均價格計算的不合理性

中國在計算基本分類價格指數時，只根據各代表規格品的價格數據採用 Jevons 指數進行計算。而價格信息根據規格品價格波動特徵不同可能採集一次到多次數據。多次採集的價格數據會首先用簡單算術平均的方法計算出其月平均價格。由於沒有採集代表規格品的量或支出份額信息，只能假設不同價格的銷量相同從而採用簡單算術平均的方法計算平均價格來構建價格指數。但人們通常會傾向於在價格高時少採購商品，而在價格低時多採購。故而簡單算術平均會誇大真實採購的平均價格，從而誤導基本分類價格指數。

5.3.6 權重更新不及時的影響

指數計算的很多問題跟基本分類價格指數計算時不包含消費量或支出份額相關，相當於選擇了等權的方式計算基本分類價格指數。權重選擇對最終價格指數有重大影響。計算大類及匯總價格指數時雖然沒有使用等權的方式，但如果選擇的權重不能較為準確地反應居民消費結構，必然帶來最終指數結果的較大偏差。中國 CPI 指數計算時權重每 5 年才做一次大的調整，在當前消費模式與消費結構快速變化的時代，很明顯調整週期太長了。

5.3.7 報告指數跟基期選擇的關係

中國每月發布物價指數時會報告三個 CPI 總指數：一是以上月為 100 的環比指數，指數比較的基期為上月；二是以上年同月為 100 的同比指數，指數比較的基期為上年同月；三是以上年同期為 100 的同期指數，指數比較的基期是上年同期。但 CPI 指數計算涉及定基指數時，會有一個基本的參考基期，中國參考基期每 5 年更新一次，目前的參考基期為 2016 年 1 月。中國報告的三個指數，其比較的基期分別為上月、上年同月及上年同期，按理跟上年之前的價格變化無關，如果指數編製體系合理，應該跟 5 年更新一次的參考基期的選擇無關。

按照中國 CPI 指數編製方法，「以上月為 100 的環比指數」跟各大類及基本分類的權重設置相關，也跟報告月及其上月各代表規格品的價格相關。權重選擇主要以參考基期之前調查得到的城鄉居民消費結構相關，故而所得指數結果跟參考基期選擇是相關的。但如果假設消費結構短期變化不大，且權重設置合理地反應了消費結構的話，則可以認為該指數跟參考基期選擇無關。「上年同月為 100 的同比指數」採用環比鏈乘的方式得到，跟各代表規格品從上年同月開始的各月價格相關，而跟上年同月之前的價格無關，故而也可以認為跟參考基期選擇無關。「以上年同期為 100 的同期指數」，以本年 1 月到報告月的累計月定基指數的平均數除以上年 1 月到報告月的累計月定基指數的平均數得到。這樣計算的同期指數以月定基指數為基礎進行計算，表面看跟參考基期開始的各代表規格品的每個月的價格都相關，但從式（5.1）可以看出，該指數跟上年 1 月之前的各月環比指數無關，故而也可認為跟參考基期選擇無關。基於每年 12 月的同期指數得到的年度環比指數，也可認為跟參考基期無關。

5.4 結論

理論分析和實證研究結果表明，中國 CPI 指數計算方法存在不少缺陷，主要包括：

中國 CPI 指數計算方案所得匯總指數對代表規格品類別歸屬變化敏感，代表規格品的不同歸類可能導致最終匯總指數存在巨大差異，違背了理想指數對代表規格品的不同歸類不影響最終匯總指數的要求。

中國規定同比指數跟定基指數均採用環比指數鏈乘得到，跟直接利用比較期與基期數據計算的直接指數相比，均存在明顯的鏈偏誤，特別是定基指數，隨著比較期離基期時間間隔拉長，鏈偏誤變得非常嚴重。

中國報告的同期指數試圖比較報告年 1 月到報告月的期間整體物價跟上年同期整體物價的變化，但實際計算結果達不到這個目的，至少存在兩方面問題：一是 1 月至報告月的各月環比指數對同期指數的影響並不對稱，按順序 1 月有最大的影響，到報告月的影響最小，因而不能合理地度量期間物價的整體變化情況；二是跟同比、環比等其他物價指數的定義思路不一致。而年環比指數與年定基指數基於 12 月的同期指數計算，故而存在同樣的問題。所以同期指數的計算方法是不合理的，應該換用其他計算思路。

在計算基本分類價格指數時，由於中國沒有採集代表規格品量或份額的數據信息，這會導致以下問題：一是採用簡單算術平均法計算的每種代表規格品的月平均價格會誇大真實採購的平均價格，從而誤導基本分類價格指數；二是誇大支出份額占比較小的規格品價格變化的影響，同時降低了支出份額占比較大的規格品價格變化的影響。

如果假設居民消費結構短期變化不大且權重設置合理地反應了居民消費結構，則中國報告的環比指數、同比指數與同期指數跟基期的選擇是無關的。但在當前消費模式與消費結構快速變化的時代，這種假設明顯是不現實的，5 年一次的權重大調整顯得調整週期太長，權重選擇不能較為準確地反應居民消費結構，必然帶來最終指數結果的較大偏差。

6 中國現行 CPI 指數編製及發布存在的不足

在中國統計相關機構發布的眾多統計指標中，CPI 指數是較早接軌國際規範並按照國際慣例編製和發布的。但隨著時間的推移和應用的多元化，對指數編製和發布提出了更高的要求，特別是進入大數據時代後，中國 CPI 指數在數據採集、指數編製和發布實踐中一些缺陷和不足顯得特別明顯。

6.1 數據採集方面的不足

編製 CPI 價格指數時，使用的數據傳統上主要來源於抽樣調查，包括對消費的商品及服務進行抽樣，也包括對地域及商戶的抽樣。國際相關組織推薦使用概率隨機抽樣法，但實踐中很多國家採用非概率抽樣法，中國進行數據採集時採用的是分層隨機抽樣。

中國現行 CPI 指數編製過程中，數據採集方面存在多方面的不足：

一是抽樣誤差問題。中國編製 CPI 指數時採用抽樣調查和人工採價的方法，存在以下問題：抽樣調查方法不可避免帶來抽樣誤差；基本分類的每一個規格品平均僅選取兩、三種商品作為代表，會造成規格品選取和替代誤差；人工採價獲取交易價格時的主觀性和數據記錄時的可能錯誤。

二是樣本選擇範圍小，更新速度慢。代表規格品的數量多少與計算出的價格指數的代表性是正相關的，且抽選的規格品越多，隨機誤差越小。現行 CPI 指數計算時局限於 8 大類商品 262 個基本分類的 600 餘種商品或服務，覆蓋範圍有限且調整緩慢，對一些新興的家庭重要開支，如孩子教育的補習費支出、網上購物支出等都未進行充分統計，不能覆蓋居民消費的全部商品和服務。這不僅使得抽樣誤差較大，也使得代表規格品不能較好地反應消費情況的全面情形，導致代表性存疑。在中國市場經濟日益發展、產品更新迭代速度加快的情形下，為保持代表規格品的代表性，需要定期快速更新樣本。比如美國每年對樣本進行替換，樣本每隔 4 年就可完全更新一次。西班牙、法國、義大利等歐元區國家也每年重新進行抽樣。

三是採樣時間間隔長，頻度不夠。現行 CPI 編製過程中採集數據是定時採集，兩個數據點之間採樣間隔較長，通常一個月採集 2~6 次，間隔一週到半個月。由於商家和消費者都會根據價格來調整自己的行為，比如消費者會傾向於價格低時多買、價格高時少買。固定時點採樣不能獲得商品價格和數量的高頻信息，靈敏度不夠，不能較好地反應價格的波動變化，可能高估或低估規格品的價格。

四是採價成本相對高昂。CPI 調查需對調查點進行維護和協調，對調查點輔助調查員進行培訓和管理，帶來較大的成本開支。

五是隨著網絡和信息化的快速普及和發展，很多國家開始使用或正在積極研究使用掃描數據（Scanner Data）替代抽樣調查，為 CPI 指數編製提供新的數據獲取途徑，這方面中國在理論上和實踐中都做得不多。掃描數據是指銷售商通過掃描消費品的條形碼自動記錄的詳細銷售數據，包括交易的價格、數量、金額、時間、品牌、等級、尺寸及其他大量商品相關信息。國際上荷蘭、挪威、瑞士等國家的統計機構在編製 CPI 價格指數時已經嘗試使用掃描數據。如荷蘭統計局從 2010 年 1 月開始使用來自 6 家連鎖超市的掃描數據編製食品、飲料和個人護理的價格指數。挪威統計局從 2005 年 8 月開始大範圍使用掃描數據編製 CPI 指數，並使用所選商戶所有項目的價格和數量信息來計算食品和非酒精飲料的價格指數。瑞士統計局也從 2008 年 7 月開始使用掃描數據編製 CPI 指數。瑞典、美國、英國、澳大利亞、新西蘭等其他很多國家的統計相關機構也在積極研究使用掃描數據編製 CPI 價格指數。

6.2 指數計算方面的不足

中國現行 CPI 指數編製過程中，指數計算也存在許多方面的不足：

一是產品籃子更新較慢導致產品籃子出現代表性問題。理論上籃子產品應較好地反應消費者的消費內容，必然涉及價格調查時產品籃子的典型性和代表性問題。由於新產品的出現和舊產品的淘汰，加上消費偏好和消費層次的改變，產品籃子應該適時調整。很多國家都很重視這個問題，以保證產品籃子的代表性，比如英國的產品籃子每年更新一次，2008 年產品籃子就進入 9 種新產品，同時淘汰了8種產品。中國產品籃子更新相對較慢，與中國經濟快速發展不相適應，難以準確反應消費者的消費內容和消費結構。

二是權重每5年才進行一次大調整，更新較慢。權重反應的是消費者的消費結構，對於中國這樣快速發展的經濟體來說，居民消費結構是不穩定的，變化很快，以5年為週期進行的權重調整太過緩慢，這導致 CPI 指數代表性差，跟人們的主觀感受差別大，在人民生活水準迅速改變的情況下顯得不合時宜。跟國外發達國家相比明顯更新過慢，比如英國、法國、義大利、西班牙、愛沙尼亞、匈牙利、冰島、盧森堡、挪威、波蘭、葡萄牙、斯洛伐克、斯洛文尼亞、瑞典、瑞士、土耳其等國對權重每年更新一次，美國、比利時、以色列等國每兩年更新一次，新西蘭每三年更新一次，加拿大每四年更新一次。權重基於基期調查得到，固定權重法在一段時間內假設消費結構維持不變。由於價格影響供需，特別是對需求彈性大的商品影響巨大，使用固定權重法無法跟上現實生活中市場變化快、產品更新換代快的形勢，應該使用靈活權重來計算價格指數，才能更好地反應銷售價格和消費結構不斷變化下的物價動態變化情況。

三是指數計算沒有考慮季節性調整問題。物價變化通常都存在季節波動，通過估計和剔除季節性因素在 CPI 指數中的影響，可以使 CPI 指數更好地反應價格總體水準的變化。當然中國每月發布的同比指數跟同期指數選擇以上年同月或同期相比進行指數計算，可以認為已經消除了季節性因素的影響，不存在季節調整的問題；但月度環比指數就顯著受到季節變化的影響，有必要進行季節調整。但中國現行發布的 CPI 數據沒有剔除季節性因素，導致其上漲可能受到過去值的影響，表現出「翹尾效應」。美國、加拿大、法國、日本、挪威等 OECD 國家均對 CPI 指數進行季節調整，調整方法主要是 X-11-ARIMA 及更新的 X-12-ARIMA 方法，但在季節調整實施細節上，各國有不同的處理方法：法國針對 CPI 的所有項目進行季節調整；美國、新西蘭等國針對 CPI 中的部分項目進行季節調整；加拿大、日本等國對 CPI 指數及部分分類指數進行季節調整。

四是沒有考慮產品質量變化引起價格變化的問題。產品同質可比是 CPI 指數編製的基本要求，而消費者消費的商品和服務的質量會隨著時間變化而變化，在科學技術飛速進步的今天更為明顯。故而需要剔除價格變動中質量變化的影響，以反應價格指數的純價格變動情況。質量調整是 CPI 編製中最重要的實踐問題，是決定 CPI 指數準確性的關鍵因素。國外統計機構及學者非常重視新產品出現或產品質量變化導致前、後期的產品不能保證同質可比而引起的 CPI 質量變化偏差（Quality Change Bias）問題。很多國家的實際研究表明質量變化偏差是 CPI 偏差的最重要因素。如美國通過實際測算發現其 1.1% 的 CPI 偏差中，質量偏差占 0.6%。國外在質量調整問題上有豐富的理論研究成果，也在政府官方統計中廣泛應用。儘管準確的質量變化調整實施起來有很大困難，但 OECD 各個成員國在編製 CPI 指數時都會進行質量偏差調整。中國在質量調整方面的研究和實踐尚處於起步階段，因此如何在 CPI 編製中進行質量調整以減少 CPI 偏差是一個現實且有重要意義的問題。中國經濟迅速發展，居民消費品的升級換代非常迅速，質量變化調整非常必要，其原因包括：規格品在報告期內發生了質量變化；報告期內出現新產品，沒有納入當前規格品統計範圍；被市場淘汰的舊產品仍然保留在一籃子規格品中；由於人工採集價格數據信息採集不足，無法進行適當的產品質量變化偏差調整，通常通過調查員主觀判斷使用一些不規範的方法來解決產品質量變化問題，這些方法零散、隨意，沒有統一的操作模式。

五是年度及同期價格指數問題。中國年度及同期價格指數由月度定基價格指數轉化而來，以本年同期或全年的月定基指數的算術平均除以上年同期或全年的月定基指數的算術平均得到。對相對數求算術平均，缺乏經濟意義，所得結果難以理解，不能合理地度量期間物價的整體變化，並且跟同比、環比等其他物價指數的定義思路也不一致。

六是基本分類價格指數計算時沒有考慮權重問題。各國編製 CPI 指數時測度的目標有所不同。比如美國測度的目標是商品和服務的零售價格隨時間變化的平均變化值，揭示的是純價格的變動程度。而中國 CPI 指數測度的目標是商品和服務的價格隨時間變動的相對數，以反應居民購買商品和服務價格水準的變動情況，揭示的是平均消費支出的價格變動程度，因而影響中國 CPI 價格水準的因素，不僅包括商品和服務的價格，還包括消費結構。但中國現行基本分類價格指數計算時沒有收集權重信息，以一種等權的方法處理不同代表規格品，不能反應消費結構，難以達到其測度目標。不考慮權重還導致誇大消費量低的規格品價格變化的影響，也導致中國 CPI 指數計算方案所得匯總指數對代表規格品類別歸屬的變化敏感。

6.3 指數發布方面的不足

在 CPI 指數的發布方面，中國當前是依照國際貨幣基金組織的通用數據發布系統（GDDS）進行的，在數據發布時間頻度、發布方式等方面已跟國際接軌，達到了 GDDS 的基本要求。但跟發達國家相比，中國在指數發布的透明度和細緻程度方面還存在較大差距，具體表現在：

一是中國發布的 CPI 指數較為籠統，數據不夠具體、豐富。中國月度 CPI 數據會按時公布「以上年同月＝100」「以上年同期＝100」及「以上月＝100」三種口徑的指數。一些國家價格指數數據發布要具體得多。比如美國每月會發布定基指數、鏈式指數，會公開未經季節調整和經季節調整後的環比和同比指數，同時還會發布每 3 個月、6 個月平均的年變化率。

二是中國每月公布的分類指數非常粗略，除了公布 8 個大類指數外，只公布了食品類下的糧食、肉禽及其製品、蛋、水產品、鮮菜、鮮果等子類指數，其餘大類沒有公布子類指數，沒有發布更為具體的分類指數。其實可以做得更多，很多國家，如美國、英國、加拿大、澳大利亞等，其統計機構都會在其官方網站發布詳細的分類指數。美國勞工統計局每月發布的 CPI 報告甚至可能將某些分類指數具體到六級，比如發布大米指數。

三是很多國家每月除公布常規 CPI 指數外，還會發布核心通貨膨脹指數，以及剔除一些項目後的指數。所謂核心通貨膨脹指數是指在 CPI 測算中剔除價格易波動項目後的指數，如剔除食品和能源項目後的指數。因為食品和能源的價格常常因為貨幣因素之外的氣候、天災或國際政治、區域形勢等非貨幣因素的影響而劇烈波動。美國、加拿大、澳大利亞、新西蘭和大部分歐盟成員國等許多國家的中央銀行均剔除食品與能源而編製核心 CPI 指數，有些國家如加拿大、芬蘭等國還剔除間接稅的影響。編製核心 CPI 指數，有助於準確把握未來通貨膨脹發展變化的長期趨勢。CPI 指數最重要的測度目標是度量通貨膨脹率，但是由於經常受到外部衝擊的顯著影響，以致通貨膨脹率大幅波動，不利於中央銀行和政府決策機構以此為依據準確把握通貨膨脹的長期變動趨勢從而制定出科學合理的財政政策和貨幣政策。同時，由於貨幣與財政政策發揮作用常常具有較長時間的滯後效應，根據核心 CPI 指數而非波動性高的 CPI 指數進行決策更能發揮貨幣政策與財政政策的效用，有助於保持貨幣政策的穩健性和經濟運行的平穩性。並且中央銀行根據核心 CPI 進行決策可以引導社會公眾關注核心 CPI 的變化而不是短期 CPI 的波動，有利於穩定公眾通脹預期，有助於維持貨幣政策的可靠性和可信度，從而保證宏觀經濟不出現大的波動。

除編製和公布剔除食品和能源的核心通貨膨脹指數外，美國、加拿大、英國等國還計算和發布很多剔除其他項目的指數，如：剔除食品類的價格指數、剔除能源後的價格指數、剔除居住類的價格指數、剔除醫療服務的價格指數；能源價格指數；商品類價格指數、剔除食品的商品價格指數；非耐用品價格指數、剔除食品的非耐用品指數、剔除食品及衣著的非耐用品價格指數；服務類價格指數、剔除房租後的服務類價格指數、剔除醫療服務的服務類價格指數、剔除能源服務的服務類價格指數；等等。這些指數從不同的角度給人們提供有用的信息和參考。

　　四是個性化指數編製問題，編製和發布不同目標群體的 CPI 價格指數。CPI 指數編製應該強調標準化和國際化，同時也要重視個性化需求，通過編製個性化價格指數，豐富和完善 CPI 價格指數體系。如編製不同收入階層、不同區域的分層分區價格指數，使 CPI 數據更加貼近民生，滿足學者和政策制定者對相關數據的需求。CPI 指數根據抽樣數據編製，只能反應代表性消費者的價格感受，不能反應不同類別住戶的價格感受。比如對退休人員養老金進行通貨膨脹調整時，因為他們的消費模式跟其他人口不一樣，使用常規 CPI 指數並不合適。為反應各類住戶支出結構和消費模式的差異，可根據收入、年齡、種族等經濟和人口特徵對住戶進行分類，為每類住戶編製不同的 CPI。

　　除居民消費價格指數外，中國還編製城鎮居民與農村居民 CPI 指數，但沒有編製其他人口群體的 CPI 指數。總 CPI 指數不能很好地反應不同人口群體對價格變動的真實感受，掩蓋了價格變化對不同人口群體的影響，尤其是食品、能源價格變動和教育、醫療、住房支出對不同人口群體的不同影響。中國香港地區會根據居民消費開支不同分較低、中等及高的不同層次編製甲、乙、丙三類價格指數。美國、荷蘭、澳門等國家或地區會按收入水準編製 CPI；美國也按年齡，編製 62 歲以上老年人 CPI；印度按照職業特徵編製 CPI。周望軍（2006）建議中國編製低收入群體 CPI，為政府實行價格補貼、調整貧困線、制定最低生活保障及最低工資標準和福利政策提供依據。石蕾、黃豔敏（2009）則建議根據區域差異編製東中西、珠三角、長三角等區域性 CPI，根據收入差異編製工資收入者和非工資收入者 CPI。編製老年人口 CPI，為調整離退休人員基本養老保險和醫療保險提供參考。

　　五是 CPI 編製有不同測度目標和應用場景，為一種目標編製的指數未必能夠較好地滿足其他目標的需要，故而應該編製多個 CPI，以滿足經濟分析或政策制定的不同需要。比如當 CPI 指數用於通貨膨脹率測度時，可以使用獲得法編製 CPI 指數；用於補償指數測度時，使用支付法編製 CPI 指數；用於生活成本變化測度時，使用消費法編製 CPI 指數；用作縮減指數測度時，使用派氏指數編製公式；等等。一些國家會編製和提供衍生價格指數的信息，中國在這方面的工作還做得很少。

　　六是中國每月發布的分地區 CPI 指數數據不夠詳細，國家統計局每月提供各省「以上年同期為100」的 CPI 總指數，其他一些國家的分地區指數則詳細得多，比如澳大利亞分地區指數會發布到三級指數，美國更詳細到四級指數。

另外，中國官方統計機構對 CPI 編製方法及方法變更沒有做詳細說明，只有一些概括性的籠統介紹，沒有公布 CPI 計算時權重的細緻信息。而美國、英國、加拿大、澳大利亞、挪威等很多國家會在官方統計網站公布具體的編製方法和權重信息。比如美國勞工統計局網站提供了關於美國 CPI 編製方法的詳細說明，包括編製公式、價格的抽樣調查方式、所抽中的地區、權重的調查等，並在每月的 CPI 報告中提供五級指數的權重，同時還公布權重調查的具體信息。美國、英國、加拿大等很多國家也詳細公布 CPI 編製中方法、數據等方面的變更信息。這些詳細信息的公布大大滿足了學者及公眾分析、瞭解和研究 CPI 的需求，但中國在這些方面的公布和解釋較少。

7 大數據背景下即時 CPI 價格指數編製方法

第5、第6章討論分析了中國 CPI 價格編製及發布的缺陷和不足。引起這些問題的主要原因有兩個：一是構建價格指數時選擇的指數計算方法和公式造成的，另外一個原因是數據抽樣調查不能完整獲得交易信息。大數據背景下，由於網絡的普及和信息化水準的提高，不難通過網絡爬蟲或電商、零售商提供數據，得到完整的近乎即時的交易數據。如果能夠及時收集到詳細的消費價格與數量信息，就可以考慮編製即時的 CPI 價格指數。

7.1 基於即時消費數量或開支份額計算即時 CPI 指數

如果能夠收集到每日詳細的消費價格與數量信息，可以據此編製日間價格指數。這可理解為高頻價格指數，編製更高頻率的時、分、秒價格指數實踐中可能價值不大，因為絕大多數情況下消費價格不可能每時每刻都變化。根據日間消費價格與數量信息，可以獲得完整的月度或季度、年度消費價格與開支數據。根據每日的消費價格與數量數據，加權平均可得到月度價格數據，銷量累加可得到數量數據，根據價格與數量數據不難得到開支份額數據。

月度價格與開支數據完整的情況下，消費者價格指數手冊（ILO, Eurostat, IMF, OECD, UN, World Bank, 2004）建議使用 Fisher 或 Törnqvist 等優指數構建月度價格指數。

使用高頻交易數據編製月度或日間價格指數時，必須關注幾個問題：一是數據缺失的問題；二是選擇定基直接指數還是鏈乘指數的問題；三是鏈漂移的問題。

由於新舊產品的交替，新產品不斷湧現，舊產品逐漸退出市場，通常每月會有 2%~3% 的產品報價消失。指數計算時缺失數據有幾種處理方法：一是在一定假設條件下通過算法補充缺失數據；二是將缺失數據的量理解為0，直接參與價格指數計算；三是雙邊價格指數計算時只對兩個時期均存在的最大商品集進行計算，缺失數據不參與計算。

由於存在大量季節性商品和新舊商品的更替，在選擇進行比較的不同月份或日間均存在的商品集進行計算時，由於相鄰月份或日間季節性商品重疊更多，故鏈乘指數（Chained Indices）比定基（Fixed Base）指數更為全面且精確，時間相隔較久的定基指數將缺乏代表性。但鏈乘優指數可能存在較大的鏈偏誤問題。

處理鏈漂移有幾個思路：一是使用雙基價格指數，使用年度權重可緩解鏈偏誤，通過加快權重更新頻度以減少替代偏差（Huang, Wimalaratne, & Pollard, 2013）；二是使用跟上年同月相比的月同比指數；更好的方法是使用近年新興的 GEKS 指數或 WTDP（Weighted Time Dummy Product）指數編製方法，它們能夠完美地解決鏈偏誤問題。

GEKS 指數的優勢在於：滿足多期恒等檢驗，無鏈偏移問題；每個月均交替承擔基月的作用，各月的地位和作用是對稱的；利用了價格數據的所有可能的雙邊匹配；一年中某些月份不存在的強季節性商品也可對總指數有貢獻。GEKS 指數能夠通過三大檢驗，完美解決鏈偏誤問題，WTDP 指數也有類似特徵。但 GEKS 指數與 WTDP 指數在獲得新數據後需要對之前所有指數重新進行計算，存在指數持續更新的問題，這種違背時間固定原則的指數在實踐中是沒法直接使用的。於是有了滾動年 GEKS（RYGEKS）指數及滾動年 WTDP（RY-WTPD）方法，通過滾動加窗的方法解決指數持續更新問題。基於澳大利亞和荷蘭連鎖超市的掃描數據，Ivancic、Diewert 和 Fox（2011）與 de Haan 和 van der Grient（2011）的研究表明，RYGEKS 效果良好，並且增加新數據、去除舊數據後計算出的指數變化並不大。當然問題之一是該方法較為複雜，不易向普通公眾解釋清楚。

7.1.1 計算每日高頻 CPI 指數

如果能夠收集到每日消費的詳盡價格與數量信息，可以此為基礎計算每日 CPI 價格指數。就算可以收集到更高頻率的消費數據，計算更小粒度（比如每時、每分等）的 CPI 指數可能也價值不大，因為商品價格一般來講相對比較穩定，不會瞬息萬變。

所有指數都是一個相對數，計算每日價格指數時首先需要確定比較基期，可以選擇跟昨日比（稱為日環比指數）、跟上月同日比、跟上年同日比或者跟任意選定的某個基日比。如果指數沒有鏈偏移問題，只要算出了每日的日環比指數，跟其他任意日比的指數只要將期間所有的日環比指數鏈乘起來就可以了，可以得到跟定基直接計算一樣的指數。並且這樣做更為可靠合理，因為考慮了期間新出現或消失商品的影響。問題的關鍵是必須選擇沒有鏈偏誤的指數，滾動窗 GEKS 指數可以滿足這樣的要求。

按照 RYGEKS 指數計算的迭代公式 $P_{RYGEKS}^{0(T+1)} = P_{RYGEKS}^{0T} \times P_{RYGEKS}^{T(T+1)}$，每日收集到新數據後，只需計算日環比指數 $P_{RYGEKS}^{T(T+1)}$ 就可以了。我們可根據移動窗口內的數據計算 GEKS 指數得到今日對昨日的日環比指數。窗口寬度選擇一年或兩年，即選擇包括最新一天的最近 365 日或 730 日數據進行 GEKS 指數計算，得到日環比指數。GEKS 指數計算時基礎價格指數選擇 Fisher 優指數。

這樣的處理思路除了可用於基本分類價格指數外，也可用於計算中類、大類及總的價格指數。因為可以得到基本分類、中類、大類及全部消費的商品或服務的價格及數量，不同層次指數計算的方法可以完全相同，只是參與指數計算的商品種類不同罷了。

當然也可以分層分步進行指數計算。先計算基本分類指數，再根據基本分類指數計算中類指數，再計算大類指數，最後計算匯總指數。因為 RYGEKS 指數近似滿足分類不變性要求，分步計算跟一步計算的結果是近似相等的。當然，兩種計算方法畢竟存在誤差，考慮到每日指數要長期計算，日積月累誤差會越來越大，故而對不同類別的指數均採用一步直接計算的方法要好一些，雖然計算量要大一些，對現在的計算機儲及處理能力而言完全不是問題，並且因為採用滾動窗進行計算，窗口寬度不變，計算量基本上是固定不變的。

7.1.2 計算期間（周、月、季、年度）CPI 指數

除了可以計算日間高頻價格指數外，經濟分析與日常生活中經常用到其他頻度的期間價格指數：一是月度價格指數，包括月度環比價格指數、月度同比價格指數；二是年度價格指數。中國還發布同期價格指數，即本年度到目前為止的時間期間跟上年相同時間期間的價格指數；當然也可計算周或季度價格指數等。

所有期間環比價格指數可以使用日環比價格指數相同的思路進行計算。計算分兩步進行：首先得到期間交易的均價及交易量，根據每種商品或服務的期間每筆交易的價格及數量進行加權平均，得到交易的價格，數量累加得到交易數量；根據所得期間價格及數量，可以使用滾動窗 GEKS 指數的方法進行指數計算。窗口寬度以兩年為基礎進行轉換，比如計算月度價格指數時，可選擇

24 個月為窗口寬度；如果計算季度價格指數，則可選擇 8 個季度為窗口寬度。5.3.3 節曾經指出，中國現行 CPI 指數編製方案中計算同期價格指數方法跟計算環比、同比指數的思路不一致，同期的每月地位不對稱，影響不一樣。這裡我們計算同期指數的思路和方法跟計算同比、環比的思路完全一樣，各月的影響是對稱一致的。

得到期間環比價格指數後，可以進一步拓展得到其他價格指數。比如得到月度環比價格指數後，因為滾動窗 GEKS 指數可以認為沒有鏈偏誤問題，可以通過鏈乘的方式直接得到同比價格指數。

需要指出，根據日環比指數鏈乘，可以得到跟上月同日相比的同比指數，這跟月環比價格指數並不一樣。前者是本月某日價格跟上月同日價格對比得到的價格指數，比較的基礎是上月同日的價格；後者是本月價格跟上月價格的對比，比較的基礎是上月的價格，也就是上月所有日的加權平均價格。如果忽略這種區別，可以直接根據日環比價格指數鏈乘得到月環比價格指數。

7.1.3　計算滾動期間 CPI 指數

在計算期間價格指數時，因為消費量只有在期間結束後才能得到匯總數據，即時性較差，特別在計算期間跨度較長時期間價格指數時更為明顯。比如計算月度價格指數時，只有到月末後才能計算得到真實數據。雖然日間價格指數即時性非常好，但其含義、數量大小及給人感覺方面還是跟月度等期間價格指數不同。

為此，可考慮計算滾動期間價格指數，比如可考慮計算 7 天滾動期間價格指數、30 天滾動期間價格指數或 365 天滾動期間價格指數。它們數量大小跟周、月、年的價格指數可以進行比較，又反應了最新的期間價格變化。

具體進行滾動期間價格指數計算時，只要期間確定下來，根據每日交易價格與數量不難得到期間加權均價及累計數量，然後可按照期間價格指數一樣的方法計算 RYGEKS 指數，就得到了滾動期間 CPI 指數。如果忽略比較基期的細微區別，可以直接根據日環比價格指數鏈乘得到滾動期間 CPI 指數。

7.2　使用延遲消費數量或份額計算即時 CPI 指數

消費品的價格是時點指標，容易得到即時數據；而消費品的數量是期間數據，只有到期末才可能得到其真實數據，其間難以得到即時數據，通常只能得到其延遲數據，比如上期數據。基於即時價格信息及延遲的消費數量或開支份額信息，能否構建即時 CPI 指數呢？又如何構建？其跟期後收集到的完整權重信息情況下構建的最佳 CPI 指數間是否存在較大的差異？這些無疑是構建即時價格指數的基本問題。

計算加權 CPI 指數時，涉及價格及權重信息。不同指數計算方法的權重信息可能選擇消費數量或消費所占開支份額。時點價格數據在大數據條件下較易獲得即時數據；但消費數量或消費份額等權重數據是期間數據，只有在期間結束後才能通過調查或統計匯總獲得，特別是在計算區間跨度較大的月度、季度或年度價格指數時通常很難即時獲取，只能得到延遲數據。於是有了基於本期價格和之前消費數量或份額計算 CPI 指數的雙基期指數計算思路。

雙基期指數計算的好處在於：一是因為量或份額如果通過抽樣調查獲得，抽樣規模過大，常常費時費力，操作起來比較困難，小規模抽樣調查則存在較大的抽樣誤差，故而可用一段時間量或份額的平均值作為量或份額的代表，從而減少測量誤差；二是量或份額通常存在季節性波動，像拉氏指數那樣選擇基期的量作為代表計算所有比較月份的量可能缺乏代表性，選擇年度量或份額進行加權可看作對月度指數計算時季節波動的簡單處理方法。

Lowe 指數是比較典型的雙基期價格指數，計算時基於月度價格及年度基年數量。中國在計算匯總指數時使用的是 Young 雙基期價格指數。由於消費品間替代效應的存在，人們通常在商品價格上升時傾向於少購買該商品，而在價格下跌時傾向於多購買該商品，故而當商品價格存在上升、下降等系統性變化趨勢時，使用較遠期的量作為權重比使用較近期的量作為權重算出的 Lowe 指數通常存在向上的偏誤，故而不能使用時間太遠的權重，需要及時進行權重的更新。在計算價格指數時，如果比較期與基期相隔較遠，在使用雙基期價格指數時，量或開支份額等權重信息的參考基期也可以考慮選擇在基期與比較期中間的某個時期。

7.2.1 使用上月權重信息計算即時 CPI 指數

在計算即時月度價格指數時，量或開支所占份額等權重信息選擇最新可得的上月數據，並以此計算各指數。以 1998 年 1 月為基期計算月度直接指數與鏈乘指數，消費份額或數量延遲一個月。

這顯然是雙基期指數問題，價格定基於 1998 年 1 月，計算某月的價格指數時，量或開支份額定基於該月的上月，這是可獲得的最新權重信息。分別計算拉氏指數的變形 Lowe 指數、Young 指數、幾何 Young 指數、派氏指數的變形調和Young指數以及Young指數與調和Young指數合成的近似Fisher指數。計算鏈乘指數時逐月鏈乘得到月度鏈乘指數。為了對各指數結果進行評價，也計算出基於當月實際量得到的理想指數——Fisher指數的直接與鏈乘指數，以及滾動窗GEKS指數，並選擇滾動窗GEKS指數作為各指數評價的參考基準。同時也算出以上月量替代真實量計算出的滾動窗GEKS指數（記為RYGEKSo）。計算滾動窗GEKS指數時窗寬選擇24個月。

各指數計算的實現代碼如下：

```
#將最後一月數據放在第一月位置(計算時不用)，使得後續各月份額與數量延遲一個月
    #每月數據權重各不相同
    s0=matrix(c(s[,T],s[,-T]),N,T)
    q0=matrix(c(q[,T],q[,-T]),N,T)
    ########
    t1=13 #以1998年1月為基期
    x=array(1,dim=c(14,T-t1+1))
    for(i in 1:(T-t1)){
    t2=t1+1*i
    x[1,i+1]=LoweIndex(p,q0,t1,t2)
    x[2,i+1]=YoungIndex(p,s0,t1,t2)
    x[3,i+1]=gYoungIndex(p,s0,t1,t2)
    x[4,i+1]=hYoungIndex(p,s0,t1,t2)
    x[5,i+1]=aFisher(p,s0,t1,t2)
    x[6,i+1]=Fisher(p,q,t1,t2)
    x[7,i+1]=chainedIndex(p,q0,t1,t2,1,method = "LoweIndex")
    x[8,i+1]=chainedIndex(p,s0,t1,t2,1,method = "YoungIndex")
    x[9,i+1]=chainedIndex(p,s0,t1,t2,1,method = "gYoungIndex")
    x[10,i+1]=chainedIndex(p,s0,t1,t2,1,method = "hYoungIndex")
    x[11,i+1]=chainedIndex(p,s0,t1,t2,1,method = "aFisher")
    x[12,i+1]=chainedIndex(p,q,t1,t2,1,method = "Fisher")
    x[13,i+1]=RYGEKSX(p,q,t1,t2,winWidth=24)
    x[14,i+1]=RYGEKSX(p,q0,t1,t2,winWidth=24)
    }
```

t(x)

計算得到的定基指數及其與比較基準的差異結果如表 7.1 所示。

表 7.1　　　　以上月權重構建的雙基期月度定基指數

時間	Lowe	Young	幾何Young	調和Young	近似Fisher	Fisher	RYGEKS	RYGEKS₀
1998.1	1.000	1.000	1.000	1.000	1.000	1.000	1.000	1.000
1998.2	0.970	0.969	0.968	0.967	0.968	0.964	0.967	0.968
1998.3	1.000	0.997	0.990	0.984	0.990	0.982	0.993	0.998
1998.4	1.075	1.072	1.054	1.038	1.055	1.049	1.071	1.071
1998.5	1.024	1.020	1.007	0.997	1.008	0.999	1.014	1.016
1998.6	0.937	0.939	0.931	0.923	0.931	0.925	0.923	0.928
1998.7	0.950	0.952	0.942	0.933	0.943	0.940	0.934	0.935
1998.8	1.134	1.138	1.118	1.100	1.119	1.108	1.105	1.113
1998.9	1.407	1.411	1.327	1.272	1.340	1.319	1.315	1.331
1998.10	1.390	1.394	1.340	1.302	1.347	1.348	1.337	1.322
1998.11	1.233	1.236	1.219	1.202	1.219	1.227	1.211	1.205
1998.12	1.266	1.269	1.263	1.256	1.263	1.264	1.260	1.270
1999.1	1.173	1.172	1.166	1.161	1.166	1.165	1.159	1.169
1999.2	1.135	1.132	1.126	1.120	1.126	1.120	1.121	1.122
1999.3	1.045	1.043	1.039	1.035	1.039	1.030	1.033	1.036
1999.4	1.031	1.030	1.028	1.026	1.028	1.021	1.023	1.027
1999.5	0.943	0.943	0.940	0.938	0.940	0.938	0.939	0.938
1999.6	0.954	0.956	0.951	0.946	0.951	0.946	0.947	0.950
1999.7	0.995	0.998	0.985	0.975	0.987	0.983	0.979	0.982
1999.8	1.058	1.061	1.050	1.041	1.051	1.045	1.038	1.040
1999.9	1.110	1.113	1.106	1.100	1.106	1.102	1.100	1.101
1999.10	1.193	1.196	1.186	1.176	1.186	1.186	1.187	1.195
1999.11	1.141	1.144	1.139	1.135	1.139	1.142	1.137	1.136
1999.12	1.369	1.371	1.361	1.351	1.361	1.364	1.367	1.374

表7.1(續)

時間	Lowe	Young	幾何 Young	調和 Young	近似 Fisher	Fisher	RYGEKS	RYGEKSo
2000.1	1.246	1.245	1.239	1.233	1.239	1.231	1.244	1.248
2000.2	1.279	1.273	1.252	1.234	1.254	1.233	1.254	1.261
2000.3	1.222	1.218	1.203	1.189	1.204	1.188	1.206	1.203
2000.4	1.032	1.029	1.019	1.010	1.020	1.005	1.016	1.022
2000.5	0.991	0.989	0.979	0.970	0.980	0.972	0.978	0.981
2000.6	0.976	0.977	0.972	0.968	0.973	0.973	0.971	0.975
2000.7	1.055	1.058	1.050	1.043	1.050	1.046	1.044	1.050
2000.8	1.143	1.147	1.130	1.116	1.131	1.130	1.120	1.128
2000.9	1.173	1.176	1.165	1.154	1.165	1.162	1.155	1.159
2000.10	1.263	1.267	1.262	1.257	1.262	1.262	1.255	1.262
2000.11	1.264	1.267	1.261	1.255	1.261	1.260	1.257	1.261
2000.12	1.185	1.187	1.183	1.178	1.183	1.182	1.181	1.187
2001.1	1.057	1.059	1.053	1.048	1.053	1.056	1.056	1.057
2001.2	1.032	1.033	1.026	1.020	1.026	1.026	1.028	1.031
2001.3	0.993	0.993	0.986	0.979	0.986	0.983	0.986	0.991
2001.4	1.088	1.086	1.077	1.069	1.078	1.067	1.076	1.082
2001.5	1.110	1.110	1.104	1.098	1.104	1.102	1.105	1.112
2001.6	1.140	1.142	1.138	1.134	1.138	1.137	1.133	1.137
2001.7	1.198	1.201	1.195	1.188	1.195	1.197	1.186	1.195
2001.8	1.364	1.368	1.360	1.352	1.360	1.363	1.358	1.364
2001.9	1.457	1.461	1.450	1.440	1.450	1.449	1.448	1.455
2001.10	1.398	1.402	1.395	1.387	1.394	1.397	1.384	1.400
2001.11	1.386	1.390	1.377	1.364	1.377	1.393	1.378	1.378
2001.12	1.395	1.397	1.394	1.390	1.394	1.400	1.392	1.399
2002.1	1.497	1.496	1.475	1.456	1.475	1.454	1.468	1.492
2002.2	1.445	1.441	1.430	1.420	1.430	1.409	1.424	1.427
2002.3	1.268	1.267	1.264	1.261	1.264	1.254	1.255	1.262

表7.1(續)

時間	Lowe	Young	幾何Young	調和Young	近似Fisher	Fisher	RYGEKS	RYGEKSo
2002.4	1.279	1.277	1.274	1.270	1.274	1.265	1.270	1.274
2002.5	1.167	1.166	1.159	1.153	1.159	1.155	1.154	1.169
2002.6	1.160	1.162	1.159	1.156	1.159	1.158	1.153	1.162
2002.7	1.139	1.143	1.136	1.131	1.137	1.133	1.126	1.137
2002.8	1.269	1.272	1.264	1.257	1.264	1.263	1.261	1.269
2002.9	1.372	1.374	1.356	1.341	1.358	1.352	1.353	1.370
2002.10	1.384	1.386	1.370	1.355	1.370	1.368	1.375	1.385
2002.11	1.282	1.286	1.272	1.258	1.272	1.281	1.278	1.286
2002.12	1.255	1.256	1.249	1.242	1.249	1.246	1.247	1.259
平均	1.178	1.179	1.168	1.159	1.169	1.165	1.165	1.170
偏差	0.013	0.014	0.003	-0.006	0.004	0.000	0.000	0.005

平均為各指數不同月份的算術均值，偏差為各指數平均值與 RYGEKS 指數均值之差。可以看到，Fisher 指數與滾動窗 GEKS 指數平均偏差為 0.000，兩者的相似程度較高；幾何 Young 指數與近似 Fisher 指數兩者所得結果非常近似，表明可用幾何 Young 指數替代近似 Fisher 指數，兩者跟比較基準滾動窗 GEKS 指數也有較好的近似度，平均偏差只有 0.003 與 0.004；Lowe 指數跟 RYGEKS 指數相比各點均存在向上偏誤，差異相對較大，平均偏差 0.013；Young 指數也在各點均存在上偏，平均偏誤為 0.014；RYGEKSo 跟 RYGEKS 相比雖然存在一定差異，但可作其較好近似，平均偏差為 0.005。

為了更直觀地看出各定基指數的差異大小及變化趨勢，繪製出各指數變化圖形，如圖 7.1 所示。

從圖 7.1 可以看出，各指數存在季節性變化，變化趨勢大體相同，但在波峰與波谷處存在差異，特別是波峰處差異可能較大。

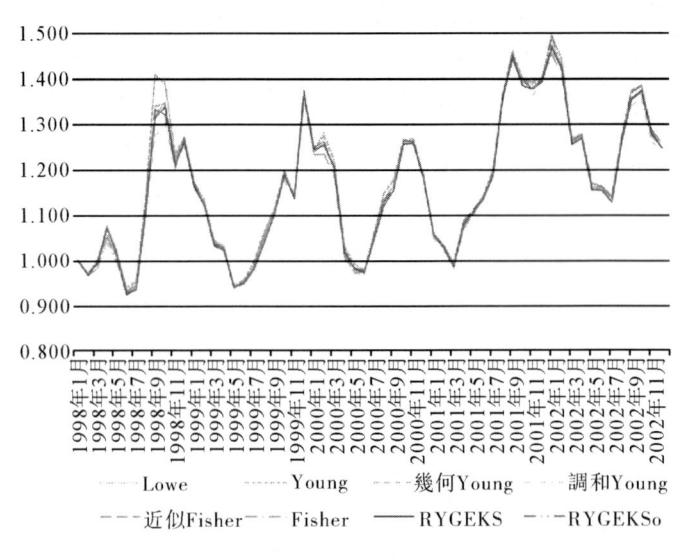

圖 7.1　使用上月權重信息計算的幾種定基直接指數

各鏈乘指數的計算結果如表 7.2 所示：

表 7.2　　　　　以上月權重構建的雙基期月度鏈乘指數

時間	Lowe 指數鏈	Young 鏈	幾何 Young 鏈	調和 Young 鏈	近似 Fisher 鏈	Fisher 鏈	RYGEKS	RYGEKSo
1998.1	1.000	1.000	1.000	1.000	1.000	1.000	1.000	1.000
1998.2	0.970	0.969	0.968	0.967	0.968	0.964	0.967	0.968
1998.3	0.987	0.985	0.980	0.975	0.980	0.989	0.993	0.998
1998.4	1.061	1.052	1.043	1.035	1.044	1.059	1.071	1.071
1998.5	1.004	1.003	0.988	0.972	0.988	0.998	1.014	1.016
1998.6	0.930	0.923	0.899	0.875	0.898	0.900	0.923	0.928
1998.7	0.943	0.932	0.908	0.883	0.907	0.909	0.934	0.935
1998.8	1.119	1.105	1.070	1.035	1.070	1.073	1.105	1.113
1998.9	1.349	1.310	1.253	1.202	1.255	1.260	1.315	1.331
1998.10	1.361	1.333	1.270	1.214	1.272	1.266	1.337	1.322
1998.11	1.262	1.225	1.158	1.095	1.159	1.136	1.211	1.205
1998.12	1.350	1.307	1.207	1.119	1.209	1.172	1.260	1.270
1999.1	1.241	1.233	1.122	1.024	1.124	1.084	1.159	1.169

表7.2(續)

時間	Lowe指數鏈	Young鏈	幾何Young鏈	調和Young鏈	近似Fisher鏈	Fisher鏈	RYGEKS	RYGEKSo
1999.2	1.202	1.191	1.082	0.986	1.084	1.041	1.121	1.122
1999.3	1.115	1.106	1.002	0.911	1.004	0.960	1.033	1.036
1999.4	1.101	1.094	0.989	0.898	0.991	0.953	1.023	1.027
1999.5	1.009	1.003	0.906	0.821	0.908	0.872	0.939	0.938
1999.6	1.026	1.018	0.918	0.832	0.920	0.879	0.947	0.950
1999.7	1.063	1.052	0.947	0.856	0.949	0.905	0.979	0.982
1999.8	1.127	1.116	1.003	0.904	1.005	0.957	1.038	1.040
1999.9	1.199	1.191	1.067	0.960	1.069	1.013	1.100	1.101
1999.10	1.307	1.291	1.152	1.033	1.155	1.095	1.187	1.195
1999.11	1.244	1.236	1.099	0.982	1.102	1.045	1.137	1.136
1999.12	1.498	1.497	1.324	1.175	1.326	1.255	1.367	1.374
2000.1	1.368	1.371	1.207	1.066	1.209	1.142	1.244	1.248
2000.2	1.398	1.391	1.217	1.070	1.220	1.141	1.254	1.261
2000.3	1.341	1.337	1.168	1.026	1.171	1.095	1.206	1.203
2000.4	1.140	1.136	0.990	0.868	0.993	0.926	1.016	1.022
2000.5	1.105	1.095	0.952	0.832	0.954	0.892	0.978	0.981
2000.6	1.108	1.101	0.953	0.828	0.955	0.886	0.971	0.975
2000.7	1.204	1.190	1.026	0.889	1.028	0.951	1.044	1.050
2000.8	1.288	1.273	1.089	0.935	1.091	1.019	1.120	1.128
2000.9	1.330	1.319	1.127	0.968	1.130	1.053	1.155	1.159
2000.10	1.456	1.439	1.224	1.045	1.226	1.143	1.255	1.262
2000.11	1.464	1.441	1.224	1.044	1.227	1.142	1.257	1.261
2000.12	1.376	1.356	1.151	0.981	1.154	1.072	1.181	1.187
2001.1	1.232	1.211	1.025	0.871	1.027	0.957	1.056	1.057
2001.2	1.200	1.183	0.999	0.847	1.001	0.929	1.028	1.031
2001.3	1.150	1.133	0.956	0.810	0.958	0.892	0.986	0.991
2001.4	1.254	1.233	1.039	0.880	1.042	0.972	1.076	1.082

表7.2(續)

時間	Lowe 指數鏈	Young 鏈	幾何 Young 鏈	調和 Young 鏈	近似 Fisher 鏈	Fisher 鏈	RYGEKS	RYGEKSo
2001.5	1.288	1.265	1.061	0.893	1.063	0.998	1.105	1.112
2001.6	1.327	1.304	1.090	0.914	1.092	1.019	1.133	1.137
2001.7	1.391	1.364	1.139	0.953	1.141	1.067	1.186	1.195
2001.8	1.603	1.572	1.302	1.083	1.305	1.220	1.358	1.364
2001.9	1.716	1.679	1.389	1.153	1.392	1.300	1.448	1.455
2001.10	1.649	1.623	1.330	1.093	1.332	1.243	1.384	1.400
2001.11	1.640	1.603	1.312	1.077	1.314	1.229	1.378	1.378
2001.12	1.672	1.642	1.336	1.091	1.339	1.237	1.392	1.399
2002.1	1.810	1.748	1.396	1.121	1.400	1.290	1.468	1.492
2002.2	1.742	1.702	1.352	1.080	1.356	1.239	1.424	1.427
2002.3	1.566	1.523	1.204	0.957	1.207	1.094	1.255	1.262
2002.4	1.577	1.536	1.214	0.965	1.217	1.102	1.270	1.274
2002.5	1.442	1.406	1.107	0.876	1.110	1.005	1.154	1.169
2002.6	1.436	1.404	1.102	0.869	1.105	1.003	1.153	1.162
2002.7	1.409	1.374	1.078	0.849	1.080	0.978	1.126	1.137
2002.8	1.581	1.543	1.204	0.945	1.208	1.094	1.261	1.269
2002.9	1.709	1.657	1.290	1.010	1.294	1.176	1.353	1.370
2002.10	1.732	1.684	1.307	1.019	1.310	1.195	1.375	1.385
2002.11	1.614	1.566	1.211	0.942	1.214	1.109	1.278	1.286
2002.12	1.577	1.530	1.181	0.917	1.184	1.085	1.247	1.259
平均	1.328	1.307	1.124	0.975	1.126	1.062	1.165	1.170
偏差	0.163	0.142	-0.041	-0.190	-0.039	-0.103	0.000	0.005

可以看到，Lowe 指數、Young 指數、幾何 Young 指數、調和 Young 指數、近似 Fisher 指數及 Fisher 指數等由於均存在鏈偏誤，以致對應的鏈指數跟比較基準 RYGEKS 指數偏差較大，並且隨著時間的推移這種偏差因逐步累積而越來越大。當然滾動窗 GEKS 指數因不存在鏈偏誤，所以 RYGEKSo 與 RYGEKS 指數鏈乘跟直接計算是一樣的，近似 Fisher 指數與幾何 Young 指數的鏈偏誤也

相對較小。

綜合表 7.1 與表 7.2 的結果，在使用上月權重信息計算即時 CPI 指數時，可以使用窗寬為 24 個月的滾動窗 GEKS 指數。雖然使用延遲一月的權重數據比真實權重數據得到的指數計算結果略有差異，但這種差異是較小的，是可以接受的。近似 Fisher 指數與幾何 Young 指數也能得到較好的結果。

7.2.2 使用上年權重信息計算即時 CPI 指數

計算加權指數時權重中消費量的數據採用上年中各月累計的量，消費所占開支份額則採用上年各月數據的平均結果，這樣的好處是累計或平均後可以減少波動性和週期性，但累計後的消費量數據常常存在明顯的上升或下降的趨勢性，這可能導致計算定基 Lowe 指數時出現偏差。

計算定基直接指數時問題比較簡單，但計算鏈指數時如何進行鏈乘則有不同考慮，我們在權重確定後直接按照傳統鏈乘方法逐月相乘得到，這樣鏈乘的月份最多，可最大程度觀察鏈偏誤的大小。

假設每年的消費數量或份額使用上年的累計或平均數據，各指數計算的實現代碼如下：

```
s0 = s
q0 = q
########每年不同月份數量或份額進行累計並保持不變
for (i in 1:N)
    for (j in 1:T) {
        q0[i,j] = sum(q[i, (1+floor((j-1)/12) * 12):(12+floor((j-1)/12) * 12)])
        s0[i,j] = mean(s[i, (1+floor((j-1)/12) * 12):(12+floor((j-1)/12) * 12)])
    }
s0 = matrix(c(s0[,(T-11):T],s0[,-((T-11):T)]),N,T)
q0 = matrix(c(q0[,(T-11):T],q0[,-((T-11):T)]),N,T)
####
t1 = 13 #以 1998 年 1 月為基期
x = array(1,dim = c(14,T-t1+1))
for (i in 1:(T-t1)) {
```

```
t2 = t1 + 1 * i
x[ 1 ,i+1 ] = LoweIndex( p ,q0 ,t1 ,t2 )
x[ 2 ,i+1 ] = YoungIndex( p ,s0 ,t1 ,t2 )
x[ 3 ,i+1 ] = gYoungIndex( p ,s0 ,t1 ,t2 )
x[ 4 ,i+1 ] = hYoungIndex( p ,s0 ,t1 ,t2 )
x[ 5 ,i+1 ] = aFisher( p ,s0 ,t1 ,t2 )
x[ 6 ,i+1 ] = Fisher( p ,q ,t1 ,t2 )
x[ 7 ,i+1 ] = chainedIndex( p ,q0 ,t1 ,t2 ,1 ,method = "LoweIndex" )
x[ 8 ,i+1 ] = chainedIndex( p ,s0 ,t1 ,t2 ,1 ,method = "YoungIndex" )
x[ 9 ,i+1 ] = chainedIndex( p ,s0 ,t1 ,t2 ,1 ,method = "gYoungIndex" )
x[ 10 ,i+1 ] = chainedIndex( p ,s0 ,t1 ,t2 ,1 ,method = "hYoungIndex" )
x[ 11 ,i+1 ] = chainedIndex( p ,s0 ,t1 ,t2 ,1 ,method = "aFisher" )
x[ 12 ,i+1 ] = chainedIndex( p ,q ,t1 ,t2 ,1 ,method = "Fisher" )
x[ 13 ,i+1 ] = RYGEKSX( p ,q ,t1 ,t2 ,winWidth = 24 )
x[ 14 ,i+1 ] = RYGEKSX( p ,q0 ,t1 ,t2 ,winWidth = 24 )
}
t( x )
```

計算得到的定基指數結果如表 7.3 所示。

表 7.3　　以上年權重構建的雙基期月度定基指數

時間	Lowe	Young	幾何 Young	調和 Young	近似 Fisher	Fisher	RYGEKS	RYGEKSo
1998.1	1.000	1.000	1.000	1.000	1.000	1.000	1.000	1.000
1998.2	0.969	0.969	0.968	0.967	0.968	0.964	0.967	0.969
1998.3	0.999	1.000	0.993	0.986	0.993	0.982	0.993	0.999
1998.4	1.077	1.080	1.061	1.044	1.062	1.049	1.071	1.078
1998.5	1.018	1.019	1.007	0.996	1.008	0.999	1.014	1.018
1998.6	0.927	0.930	0.922	0.916	0.923	0.925	0.923	0.926
1998.7	0.939	0.942	0.933	0.926	0.934	0.940	0.934	0.938
1998.8	1.118	1.121	1.103	1.088	1.104	1.108	1.105	1.117
1998.9	1.371	1.370	1.298	1.251	1.309	1.319	1.315	1.366

表7.3(續)

時間	Lowe	Young	幾何Young	調和Young	近似Fisher	Fisher	RYGEKS	RYGEKSo
1998.10	1.363	1.362	1.315	1.282	1.321	1.348	1.337	1.358
1998.11	1.218	1.219	1.203	1.187	1.203	1.227	1.211	1.216
1998.12	1.266	1.269	1.262	1.255	1.262	1.264	1.260	1.267
1999.1	1.166	1.166	1.161	1.155	1.161	1.165	1.159	1.164
1999.2	1.131	1.131	1.125	1.119	1.125	1.120	1.121	1.131
1999.3	1.040	1.041	1.037	1.033	1.037	1.030	1.033	1.040
1999.4	1.029	1.030	1.028	1.026	1.028	1.021	1.023	1.030
1999.5	0.938	0.940	0.937	0.935	0.937	0.938	0.939	0.938
1999.6	0.947	0.950	0.946	0.942	0.946	0.946	0.947	0.947
1999.7	0.983	0.988	0.977	0.969	0.978	0.983	0.979	0.983
1999.8	1.045	1.048	1.039	1.031	1.040	1.045	1.038	1.043
1999.9	1.102	1.105	1.099	1.094	1.099	1.102	1.100	1.102
1999.10	1.191	1.195	1.185	1.175	1.185	1.186	1.187	1.194
1999.11	1.137	1.140	1.135	1.131	1.136	1.142	1.137	1.138
1999.12	1.373	1.376	1.366	1.356	1.366	1.364	1.367	1.377
2000.1	1.249	1.252	1.246	1.239	1.246	1.231	1.244	1.249
2000.2	1.277	1.280	1.259	1.241	1.260	1.233	1.254	1.279
2000.3	1.218	1.222	1.206	1.192	1.207	1.188	1.206	1.218
2000.4	1.025	1.027	1.017	1.009	1.018	1.005	1.016	1.025
2000.5	0.983	0.984	0.974	0.965	0.975	0.972	0.978	0.983
2000.6	0.969	0.972	0.968	0.964	0.968	0.973	0.971	0.970
2000.7	1.047	1.049	1.042	1.036	1.043	1.046	1.044	1.046
2000.8	1.130	1.130	1.116	1.102	1.116	1.130	1.120	1.127
2000.9	1.162	1.163	1.152	1.142	1.153	1.162	1.155	1.160
2000.10	1.259	1.261	1.257	1.252	1.257	1.262	1.255	1.257
2000.11	1.260	1.264	1.258	1.253	1.258	1.260	1.257	1.260
2000.12	1.181	1.184	1.179	1.175	1.179	1.182	1.181	1.180

表7.3(續)

時間	Lowe	Young	幾何Young	調和Young	近似Fisher	Fisher	RYGEKS	RYGEKSo
2001.1	1.049	1.051	1.045	1.040	1.046	1.056	1.056	1.050
2001.2	1.025	1.027	1.021	1.015	1.021	1.026	1.028	1.025
2001.3	0.985	0.987	0.981	0.974	0.981	0.983	0.986	0.985
2001.4	1.080	1.082	1.074	1.066	1.074	1.067	1.076	1.078
2001.5	1.107	1.110	1.105	1.100	1.105	1.102	1.105	1.106
2001.6	1.134	1.136	1.132	1.129	1.133	1.137	1.133	1.134
2001.7	1.194	1.196	1.189	1.183	1.190	1.197	1.186	1.193
2001.8	1.367	1.371	1.363	1.355	1.363	1.363	1.358	1.365
2001.9	1.458	1.463	1.453	1.443	1.453	1.449	1.448	1.454
2001.10	1.396	1.398	1.391	1.384	1.391	1.397	1.384	1.395
2001.11	1.386	1.386	1.373	1.360	1.373	1.393	1.378	1.386
2001.12	1.395	1.396	1.392	1.389	1.392	1.400	1.392	1.395
2002.1	1.503	1.506	1.484	1.464	1.485	1.454	1.468	1.496
2002.2	1.444	1.445	1.434	1.424	1.435	1.409	1.424	1.437
2002.3	1.265	1.266	1.263	1.260	1.263	1.254	1.255	1.262
2002.4	1.276	1.277	1.274	1.271	1.274	1.265	1.270	1.273
2002.5	1.161	1.162	1.155	1.148	1.155	1.155	1.154	1.161
2002.6	1.156	1.158	1.155	1.153	1.155	1.158	1.153	1.156
2002.7	1.133	1.136	1.131	1.126	1.131	1.133	1.126	1.133
2002.8	1.259	1.262	1.255	1.249	1.255	1.263	1.261	1.261
2002.9	1.355	1.357	1.341	1.328	1.342	1.352	1.353	1.361
2002.10	1.375	1.377	1.362	1.348	1.362	1.368	1.375	1.379
2002.11	1.276	1.281	1.268	1.254	1.268	1.281	1.278	1.278
2002.12	1.249	1.253	1.246	1.239	1.246	1.246	1.247	1.248
平均	1.172	1.174	1.164	1.155	1.164	1.165	1.165	1.171
偏差	0.007	0.009	-0.001	-0.010	-0.001	0.000	0.000	0.006

可以看到，幾何Young指數、近似Fisher指數跟比較基準滾動窗GEKS指

數有較好的近似度，平均偏差只有 -0.001；Lowe 指數跟 RYGEKS 指數平均偏差 0.007；Young 指數平均偏差為 0.009；RYGEKSo 跟 RYGEKS 相比平均偏差為 0.006。對 Lowe 指數、Young 指數、幾何 Young 指數、近似 Fisher 指數等雙基期指數而言，使用年度權重比使用上月權重平均偏差要小。

計算得到的鏈乘指數結果如表 7.4 所示。

表 7.4　　　　　以上年權重構建的雙基期月度鏈乘指數

時間	Lowe 指數鏈	Young 鏈	幾何 Young 鏈	調和 Young 鏈	近似 Fisher 鏈	Fisher 鏈	RYGEKS	RYGEKSo
1998.1	1.000	1.000	1.000	1.000	1.000	1.000	1.000	1.000
1998.2	0.969	0.969	0.968	0.967	0.968	0.964	0.967	0.969
1998.3	0.999	0.999	0.993	0.987	0.993	0.989	0.993	0.999
1998.4	1.077	1.070	1.061	1.053	1.061	1.059	1.071	1.078
1998.5	1.018	1.023	1.007	0.991	1.007	0.998	1.014	1.018
1998.6	0.927	0.947	0.922	0.897	0.922	0.900	0.923	0.926
1998.7	0.939	0.958	0.933	0.907	0.932	0.909	0.934	0.938
1998.8	1.118	1.140	1.103	1.067	1.103	1.073	1.105	1.117
1998.9	1.371	1.359	1.298	1.243	1.300	1.260	1.315	1.366
1998.10	1.363	1.382	1.315	1.255	1.317	1.266	1.337	1.358
1998.11	1.218	1.275	1.203	1.136	1.203	1.136	1.211	1.216
1998.12	1.266	1.366	1.262	1.170	1.264	1.172	1.260	1.267
1999.1	1.166	1.276	1.161	1.060	1.163	1.084	1.159	1.164
1999.2	1.133	1.238	1.124	1.025	1.126	1.041	1.121	1.131
1999.3	1.042	1.144	1.037	0.943	1.039	0.960	1.033	1.040
1999.4	1.032	1.135	1.028	0.935	1.030	0.953	1.023	1.030
1999.5	0.940	1.038	0.938	0.852	0.940	0.872	0.939	0.938
1999.6	0.949	1.049	0.948	0.860	0.950	0.879	0.947	0.947
1999.7	0.984	1.088	0.981	0.887	0.983	0.905	0.979	0.983
1999.8	1.045	1.158	1.041	0.940	1.043	0.957	1.038	1.043
1999.9	1.104	1.230	1.103	0.993	1.105	1.013	1.100	1.102
1999.10	1.197	1.332	1.190	1.067	1.192	1.095	1.187	1.194

表7.4(續)

時間	Lowe 指數鏈	Young 鏈	幾何 Young 鏈	調和 Young 鏈	近似 Fisher 鏈	Fisher 鏈	RYGEKS	RYGEKSo
1999.11	1.140	1.278	1.137	1.016	1.140	1.045	1.137	1.138
1999.12	1.382	1.545	1.367	1.215	1.370	1.255	1.367	1.377
2000.1	1.256	1.416	1.247	1.103	1.250	1.142	1.244	1.249
2000.2	1.287	1.445	1.264	1.111	1.267	1.141	1.254	1.279
2000.3	1.226	1.385	1.210	1.063	1.213	1.095	1.206	1.218
2000.4	1.032	1.172	1.022	0.896	1.025	0.926	1.016	1.025
2000.5	0.990	1.128	0.980	0.856	0.982	0.892	0.978	0.983
2000.6	0.977	1.126	0.973	0.845	0.975	0.886	0.971	0.970
2000.7	1.053	1.217	1.048	0.906	1.050	0.951	1.044	1.046
2000.8	1.136	1.313	1.121	0.962	1.124	1.019	1.120	1.127
2000.9	1.169	1.356	1.158	0.992	1.160	1.053	1.155	1.160
2000.10	1.265	1.484	1.260	1.075	1.263	1.143	1.255	1.257
2000.11	1.267	1.487	1.262	1.075	1.264	1.142	1.257	1.260
2000.12	1.188	1.396	1.184	1.008	1.186	1.072	1.181	1.180
2001.1	1.057	1.244	1.052	0.893	1.054	0.957	1.056	1.050
2001.2	1.030	1.216	1.026	0.869	1.028	0.929	1.028	1.025
2001.3	0.989	1.167	0.984	0.833	0.986	0.892	0.986	0.985
2001.4	1.081	1.276	1.074	0.908	1.076	0.972	1.076	1.078
2001.5	1.110	1.316	1.103	0.928	1.105	0.998	1.105	1.106
2001.6	1.140	1.358	1.134	0.951	1.136	1.019	1.133	1.134
2001.7	1.200	1.427	1.190	0.996	1.192	1.067	1.186	1.193
2001.8	1.371	1.640	1.358	1.129	1.360	1.220	1.358	1.365
2001.9	1.459	1.749	1.446	1.201	1.449	1.300	1.448	1.454
2001.10	1.402	1.696	1.390	1.143	1.392	1.243	1.384	1.395
2001.11	1.394	1.678	1.373	1.127	1.375	1.229	1.378	1.386
2001.12	1.402	1.711	1.392	1.137	1.395	1.237	1.392	1.395
2002.1	1.502	1.850	1.477	1.184	1.480	1.290	1.468	1.496

表7.4(續)

時間	Lowe 指數鏈	Young 鏈	幾何 Young 鏈	調和 Young 鏈	近似 Fisher 鏈	Fisher 鏈	RYGEKS	RYGEKSo
2002.2	1.443	1.801	1.428	1.138	1.432	1.239	1.424	1.437
2002.3	1.268	1.600	1.263	1.001	1.266	1.094	1.255	1.262
2002.4	1.278	1.614	1.273	1.009	1.276	1.102	1.270	1.273
2002.5	1.166	1.474	1.159	0.916	1.162	1.005	1.154	1.161
2002.6	1.162	1.479	1.160	0.913	1.162	1.003	1.153	1.156
2002.7	1.138	1.449	1.135	0.893	1.137	0.978	1.126	1.133
2002.8	1.268	1.619	1.262	0.989	1.266	1.094	1.261	1.261
2002.9	1.370	1.741	1.354	1.058	1.357	1.176	1.353	1.361
2002.10	1.388	1.770	1.372	1.068	1.375	1.195	1.375	1.379
2002.11	1.286	1.650	1.275	0.990	1.278	1.109	1.278	1.278
2002.12	1.255	1.622	1.250	0.968	1.253	1.085	1.247	1.248
平均	1.176	1.357	1.166	1.010	1.168	1.062	1.165	1.171
偏差	0.011	0.192	0.001	−0.155	0.003	−0.103	0.000	0.006

可以看到，Young 指數、調和 Young 指數、Fisher 指數由於存在鏈偏誤，以致對應的鏈指數跟比較基準 RYGEKS 指數偏差較大；Lowe 指數偏差相對較小；滾動窗 GEKS 指數 RYGEKSo、近似 Fisher 指數與幾何 Young 指數的偏誤較小。

7.2.3　使用滾動年度間隔期間權重信息計算即時 CPI 指數

加權指數計算時權重數據取緊鄰的前面 12 個月的累計數據或平均獲得。這樣每個月的權重信息均發生變化，各月處於對稱的地位。比如計算 1999 年 10 月加權價格指數時，量的數據由 1998 年 10 月、1998 年 11 月、……、1999 年 9 月共 12 個月數據構成。

假設使用滾動年度間隔期間權重信息，各指數計算的實現代碼如下：

```
s0 = s
q0 = q
```

```
  for (i in 1:N)
    for (j in 13:T) {
      q0[i,j] = sum(q[i, (j-12):(j-1)])
      s0[i,j] = mean(s[i, (j-12):(j-1)])
    }
####
t1 = 13 #以 1998 年 1 月為基期
x = array(1, dim = c(14, T-t1+1))
for (i in 1:(T-t1)) {
t2 = t1+1 * i
x[1,i+1] = LoweIndex(p,q0,t1,t2)
x[2,i+1] = YoungIndex(p,s0,t1,t2)
x[3,i+1] = gYoungIndex(p,s0,t1,t2)
x[4,i+1] = hYoungIndex(p,s0,t1,t2)
x[5,i+1] = aFisher(p,s0,t1,t2)
x[6,i+1] = Fisher(p,q,t1,t2)
x[7,i+1] = chainedIndex(p,q0,t1,t2,1,method = "LoweIndex")
x[8,i+1] = chainedIndex(p,s0,t1,t2,1,method = "YoungIndex")
x[9,i+1] = chainedIndex(p,s0,t1,t2,1,method = "gYoungIndex")
x[10,i+1] = chainedIndex(p,s0,t1,t2,1,method = "hYoungIndex")
x[11,i+1] = chainedIndex(p,s0,t1,t2,1,method = "aFisher")
x[12,i+1] = chainedIndex(p,q,t1,t2,1,method = "Fisher")
x[13,i+1] = RYGEKSX(p,q,t1,t2,winWidth = 24) #用作評價標準
x[14,i+1] = RYGEKSX(p,q0,t1,t2,winWidth = 24)
}
t(x)
```

　　計算得到的定基指數除 RYGEKSo 之外，均跟表 7.3 對應的結果相同。因為選擇的 1 月為基期，滾動年度間隔與上年度所得基期的權重完全相同，故而算出的指數相同。如果基期不是 1 月，則兩個方法所得結果應該有所差異。

　　計算得到的鏈乘指數結果如表 7.5 所示。

表 7.5　以滾動年度間隔期間權重構建的雙基期月度鏈乘指數

時間	Lowe 指數鏈	Young 鏈	幾何 Young 鏈	調和 Young 鏈	近似 Fisher 鏈	Fisher 鏈	RYGEKS	RYGEKSo
1998.1	1.000	1.000	1.000	1.000	1.000	1.000	1.000	1.000
1998.2	0.969	0.969	0.968	0.967	0.968	0.964	0.967	0.969
1998.3	0.998	0.997	0.992	0.986	0.992	0.989	0.993	1.000
1998.4	1.077	1.068	1.059	1.050	1.059	1.059	1.071	1.079
1998.5	1.016	1.021	1.006	0.990	1.006	0.998	1.014	1.019
1998.6	0.925	0.947	0.923	0.898	0.922	0.900	0.923	0.927
1998.7	0.937	0.958	0.933	0.908	0.933	0.909	0.934	0.938
1998.8	1.114	1.138	1.102	1.067	1.102	1.073	1.105	1.116
1998.9	1.359	1.355	1.296	1.242	1.297	1.260	1.315	1.361
1998.10	1.353	1.378	1.312	1.253	1.314	1.266	1.337	1.354
1998.11	1.215	1.269	1.198	1.133	1.199	1.136	1.211	1.214
1998.12	1.273	1.365	1.261	1.169	1.263	1.172	1.260	1.269
1999.1	1.166	1.272	1.157	1.057	1.159	1.084	1.159	1.164
1999.2	1.133	1.234	1.121	1.022	1.123	1.041	1.121	1.130
1999.3	1.043	1.141	1.034	0.940	1.036	0.960	1.033	1.040
1999.4	1.032	1.132	1.025	0.931	1.027	0.953	1.023	1.029
1999.5	0.941	1.036	0.936	0.849	0.938	0.872	0.939	0.937
1999.6	0.951	1.048	0.946	0.858	0.948	0.879	0.947	0.947
1999.7	0.988	1.087	0.979	0.886	0.981	0.905	0.979	0.984
1999.8	1.048	1.158	1.041	0.940	1.043	0.957	1.038	1.044
1999.9	1.107	1.228	1.101	0.991	1.103	1.013	1.100	1.102
1999.10	1.199	1.326	1.184	1.062	1.187	1.095	1.187	1.193
1999.11	1.141	1.275	1.135	1.014	1.137	1.045	1.137	1.136
1999.12	1.376	1.535	1.358	1.206	1.361	1.255	1.367	1.372
2000.1	1.254	1.410	1.241	1.097	1.243	1.142	1.244	1.249
2000.2	1.285	1.438	1.257	1.105	1.261	1.141	1.254	1.279
2000.3	1.224	1.377	1.203	1.057	1.206	1.095	1.206	1.218

表7.5(續)

時間	Lowe 指數鏈	Young 鏈	幾何 Young 鏈	調和 Young 鏈	近似 Fisher 鏈	Fisher 鏈	RYGEKS	RYGEKSo
2000.4	1.031	1.165	1.016	0.890	1.018	0.926	1.016	1.025
2000.5	0.991	1.121	0.973	0.850	0.976	0.892	0.978	0.984
2000.6	0.975	1.118	0.966	0.838	0.968	0.886	0.971	0.970
2000.7	1.051	1.207	1.039	0.899	1.041	0.951	1.044	1.046
2000.8	1.137	1.300	1.111	0.953	1.113	1.019	1.120	1.129
2000.9	1.170	1.345	1.148	0.984	1.150	1.053	1.155	1.163
2000.10	1.264	1.470	1.249	1.065	1.252	1.143	1.255	1.258
2000.11	1.264	1.472	1.250	1.065	1.252	1.142	1.257	1.260
2000.12	1.186	1.384	1.174	0.999	1.176	1.072	1.181	1.182
2001.1	1.056	1.234	1.043	0.886	1.046	0.957	1.056	1.051
2001.2	1.030	1.206	1.017	0.862	1.020	0.929	1.028	1.026
2001.3	0.989	1.158	0.976	0.827	0.978	0.892	0.986	0.985
2001.4	1.082	1.265	1.065	0.901	1.067	0.972	1.076	1.079
2001.5	1.110	1.302	1.092	0.918	1.094	0.998	1.105	1.106
2001.6	1.137	1.345	1.123	0.941	1.125	1.019	1.133	1.134
2001.7	1.196	1.411	1.177	0.985	1.179	1.067	1.186	1.192
2001.8	1.366	1.620	1.342	1.115	1.344	1.220	1.358	1.362
2001.9	1.457	1.730	1.430	1.187	1.433	1.300	1.448	1.451
2001.10	1.399	1.677	1.374	1.130	1.376	1.243	1.384	1.394
2001.11	1.390	1.658	1.356	1.114	1.359	1.229	1.378	1.384
2001.12	1.401	1.692	1.377	1.125	1.380	1.237	1.392	1.393
2002.1	1.503	1.830	1.461	1.172	1.465	1.290	1.468	1.495
2002.2	1.444	1.782	1.413	1.126	1.417	1.239	1.424	1.437
2002.3	1.269	1.582	1.249	0.990	1.252	1.094	1.255	1.261
2002.4	1.280	1.596	1.259	0.998	1.262	1.102	1.270	1.272
2002.5	1.167	1.456	1.145	0.904	1.147	1.005	1.154	1.160
2002.6	1.164	1.462	1.146	0.902	1.149	1.003	1.153	1.156

表7.5(續)

時間	Lowe 指數鏈	Young 鏈	幾何 Young 鏈	調和 Young 鏈	近似 Fisher 鏈	Fisher 鏈	RYGEKS	RYGEKSo
2002.7	1.141	1.433	1.122	0.882	1.124	0.978	1.126	1.133
2002.8	1.275	1.603	1.249	0.979	1.252	1.094	1.261	1.263
2002.9	1.380	1.724	1.340	1.047	1.344	1.176	1.353	1.365
2002.10	1.396	1.751	1.357	1.057	1.360	1.195	1.375	1.381
2002.11	1.294	1.631	1.260	0.978	1.263	1.109	1.278	1.280
2002.12	1.262	1.601	1.234	0.955	1.237	1.085	1.247	1.249
平均	1.176	1.347	1.158	1.003	1.160	1.062	1.165	1.171
偏差	0.011	0.182	−0.007	−0.162	−0.005	−0.103	0.000	0.006

可以看到，Young 指數、調和 Young 指數、Fisher 指數由於存在鏈偏誤，以致對應的鏈指數跟比較基準 RYGEKS 指數偏差較大；Lowe 指數偏差相對較小；滾動窗 GEKS 指數 RYGEKSo、近似 Fisher 指數與幾何 Young 指數的偏誤較小。這些結論跟使用上年權重信息所得結果是一樣的。

7.2.4 使用延遲權重計算即時 CPI 的權重及指數計算方法的選擇

我們分別使用上月權重信息、上年權重信息及過去 12 個月滾動權重信息分別對各種常見的雙基期價格指數及滾動窗 GEKS 指數進行了定基直接計算與鏈乘計算，發現滾動窗 GEKS 指數及近似 Fisher 指數（幾何 Young 指數跟近似 Fisher 指數結果高度近似）的偏誤較小。那麼使用不同權重方法得到的結果有多大差異呢？

分別使用上月、上年及一年期滾動的權重信息計算 RYGEKS 指數，得到的結果繪製為圖，結果如圖 7.2 所示。

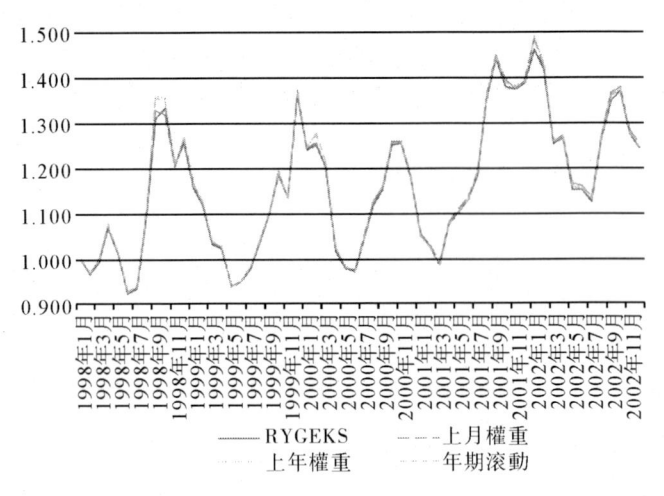

图 7.2 使用不同权重计算的 RYGEKS 指数（以 1998 年 1 月为基）

可以看到，使用三种不同权重方法得到的结果一般在趋势转折点有所差异，其他地方差异很小。细究起来，可以看到上月权重所得结果要好一些。

分别使用上月、上年及一年期滚动的权重信息计算近似 Fisher 指数的定基直接与链乘指数，结合比较标准 RYGEKS 指数，绘制的图形如图 7.3 所示。

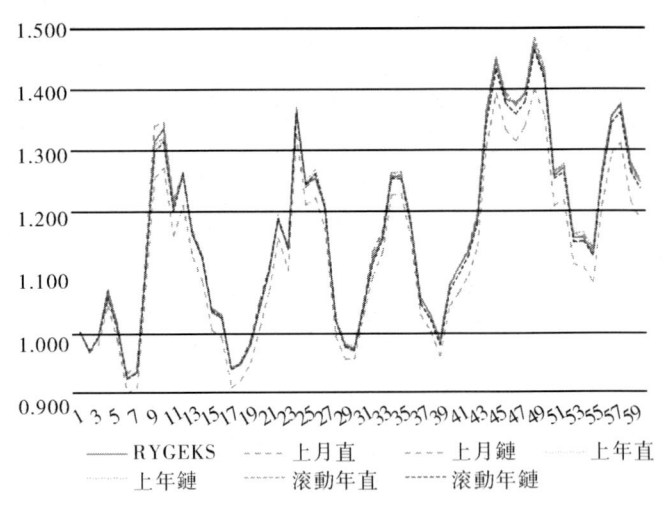

图 7.3 使用不同权重计算的近似 Fisher 直接与链乘指数（以 1998 年 1 月为基）

可以看出，以上月为权的近似 Fisher 链乘指数偏差相对较大，其直接指数也没有使用上年及滚动年为权计算所得的效果好。而以上年权重或滚动年权重得到的近似 Fisher 指数有较好的近似度且链偏误很小。

下面再以 1998 年 9 月為指數計算基期，看看所得結論是否穩健（圖 7.4）。

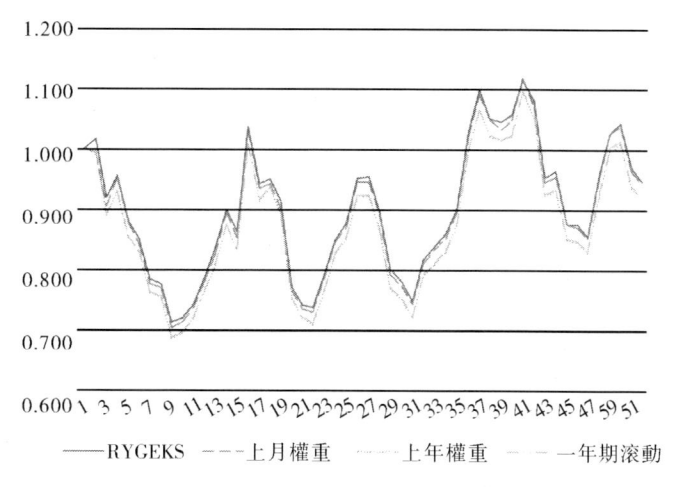

圖 7.4 使用不同權重計算的 RYGEKS 指數（以 1998 年 9 月為基）

可以看出，以基於事後獲得的當月量計算的 RYGEKS 指數為參照，基於延遲一月的量計算的 RYGEKS 指數有最好的近似度，以上年平均量及一年期滾動平均量計算的 RYGEKS 指數略有差異，兩者近似程度大致相同，滾動計算的效果略好。三種方式計算的指數均存在季節性變化，有大致相似的變化規律。

分別使用上月、上年及一年期滾動的權重信息計算近似 Fisher 指數的定基直接與鏈乘指數，所得結果如圖 7.5 所示。

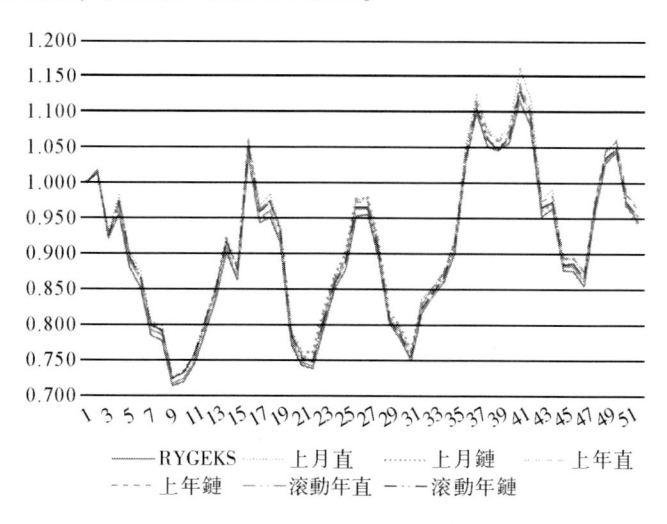

圖 7.5 使用不同權重計算的近似 Fisher 直接與鏈乘指數（以 1998 年 9 月為基）

可以看出，以上月為權的近似 Fisher 鏈乘指數偏差相對較大，其直接指數也沒使用上年及滾動年效果好。而以上年權重或滾動年權重得到的近似 Fisher 指數有較好的近似度且鏈偏誤很小。而滾動年較上年所得結果更佳。

綜上，在計算即時價格指數時，可基於上月權重信息計算移動窗 GEKS 指數，或者基於滾動年權重信息計算近似 Fisher 指數。所得結果都與拿到真實權重信息後計算的移動窗 GEKS 參考指數有較小的偏誤和鏈偏移。

8 大數據背景下 CPI 價格指數編製和發布的方法與思路

中國各級政府統計機構在進行 CPI 指數編製時，採集消費數據應該遵循一個基本原則，就是在努力提高價格採集準確率和效率的同時，應盡可能降低採集成本，減輕被調查對象的負擔。大數據背景下越來越容易做到這一點。現行「居民消費價格調查方案」規定，在保證價格準確的前提下，經國家統計局審定，各地可利用被調查單位的電子數據進行輔助採價，也可從互聯網採集特定商品和服務價格。國家統計局原局長馬建堂（2013）曾指出，必須充分認識大數據給政府統計帶來的歷史機遇和重要挑戰，開發和擴大政企合作渠道，積極主動利用海量電子化數據，加快推進統計現代化。從政府統計的視角，價格統計、特別是 CPI 指數統計由於樣本採集範圍廣、統計頻率高，是應該率先採用大數據的一個政府統計領域。

8.1 基於電子化交易大數據計算 CPI 指數的優點

目前比較容易通過網絡爬蟲獲得大量即時交易數據，但數據獲取過程零碎、不系統且具有不確定性。可以全面、穩定且系統獲取的電子化交易大數據主要包括實體店交易形成的掃描數據及網絡交易形成的電商數據。

消費者在實體店購物消費時，目前階段收銀員一般都是通過掃描商品的條形碼進行掃描結算的，或者消費者自助掃描結算，形成掃描數據（Scanner Data）。掃描數據包含了商品銷售情況的詳細信息，包含產品的實際交易價格、銷量、特徵等相關信息。

而隨著網絡購物市場的繁榮，消費者的電商消費在所有消費中所占的比重越來越高。大規模電商交易促使大型互聯網公司建立規模龐大的數據中心，電商行業迅速進入大數據時代，商品交易價格、成交數量、產品特徵等交易信息可以在電商企業的服務器中迅速獲取。

　　掃描數據與電商數據等電子化交易大數據都具有即時、細節全覆蓋的特徵，這使得距離市場最近的 CPI 指數能夠在政府統計體系中率先使用大數據資源。荷蘭、挪威、瑞士和瑞典等國已經正式使用掃描大數據編製本國 CPI 指數。

　　使用交易大數據作為 CPI 指數計算時的源頭交易數據可以在很大程度上克服傳統 CPI 指數編製時的很多局限性，具有眾多優點，主要表現在：

　　首先，可以提高源頭數據的採集質量。使用掃描數據及電商數據等電子化交易大數據可以獲得所有商品的價格、銷量及優惠促銷的詳盡、準確的信息，使得可以增加代表規格品的數量，價格調查頻率得到極大提高，增加更多的價格採集點，減少人工採價及數據錄入環節導致的錯誤。使用電子化交易大數據得到的是實際交易價格數據，而採用人工採價方式得到的很可能只是掛牌價格，從而高估實際交易價格。電子化交易數據還可將每筆交易跟消費者的信息對應起來，為編製社會群體指數提供便利。

　　其次，使用交易大數據可改進 CPI 指數的編製和發布質量。使用交易大數據提供的商品交易量和交易金額等信息可以準確計算平均價格，可為編製 CPI 基本分類指數提供權重信息，可以此為基礎選擇更優的價格指數編製方法，克服傳統 CPI 指數編製的眾多局限。使用全樣本交易大數據可以降低質量變化導致的偏差，質量變化偏差是導致 CPI 偏差的重要因素，大數據條件下可使用 Hedonic 法解決質量偏差問題。交易大數據包含規格品的完整交易信息，可以更科學地進行抽樣、選擇代表規格品。中國實行的是固定產品籃子政策，不能有效反應市場動態變化，樣本規格品的構建和替代選擇非常耗時費力，電子化交易大數據能夠有效解決這些問題。電子化交易大數據能夠即時或者準即時獲取，給提高 CPI 發布頻率甚至編製即時 CPI 價格指數提供了條件。消費者自身信息跟消費信息的聯接給個性化指數編製提供了便利。

8.2　電子化交易大數據獲取途徑及獲取內容

　　掃描數據及電商數據等電子化交易大數據對銷售企業來說是現成的，只要他們願意，可以零成本提供給政府相關統計機構。政府相關統計機構可以從兩個途徑獲取電子化交易數據：

　　一是政府統計部門和大型連鎖超市或電商銷售企業政企合作，或通過立法建立數據共享機制，由數據擁有方的銷售企業定期或即時將詳細交易數據發送給國家統計部門。政府統計部門可以從銷售企業直接獲得一手資料，提高數據的可獲得性、全面性、及時性和準確性。近年來，澳大利亞、日本、荷蘭、挪威等國的連鎖超市同意將詳細的產品銷量、銷售額等信息無償提供給本國統計機構。中國統計機構也可向這個方向進行宣傳、鼓勵或做出法律要求。

二是由數據產生方的銷售企業把電子化交易大數據直接或通過第三方間接出售給國家統計部門。企業可以額外獲得一筆收入，國家相關統計部門雖然會產生一定費用，但可以大幅降低數據抽樣調查的成本並提高數據質量，是一個兩全其美的事情。

通過這兩種直接或間接的方式，只要國家相關統計部門保證所獲信息的機密及使用目的，數據產生方樂於提供，統計部門可以較為容易地低成本收集到市場上交易的各種商品或服務的電子化海量交易信息，獲得接近於總體的交易樣本數據。

在利用掃描大數據編製 CPI 指數的幾個國家中，挪威的掃描數據由本國幾個大型連鎖超市的總部每月按時發送到挪威統計局；瑞典統計局從一家大型連鎖零售企業獲得掃描數據，讓該企業每月分三次把掃描數據發送給瑞典統計局；荷蘭的幾家大型超市企業則在每個月的前三個星期定期將掃描數據發送給國家統計局。

在採集電子化交易大數據時，可以盡可能包含商品及消費者的詳細信息，比如：產品 EAN 掃描碼或類似編碼，對應的銷售額、銷量、銷售價格、銷售時間，以及產品重量、大小、內容和包裝等產品描述信息；同時還可加入數據來源的銷售企業的類型和地點；還可採集銷售企業內部對產品的分類編碼，以表明是哪一個產品分類，以提高統計部門 CPI 編製的效率；對於水果、蔬菜和肉類等生鮮商品，銷售企業可能會編製特有的 PLU 識別碼，這也是電子化交易數據採集的內容；除了採集銷售企業及銷售產品的相關信息外，在法律許可的前提下，還可以採集消費者的相關信息，比如教育、年齡、職業、收入、居住區域等信息，以利於統計多樣化的分層 CPI 指數。

8.3 大數據背景下 CPI 指數的計算

基於電子化交易大數據，有兩種思路進行 CPI 價格指數計算。

一種思路是只把掃描數據或電商交易數據當作數據採集的一種新途徑，通過數據預處理、代表規格品選擇、權重確定等步驟替換傳統人工抽樣調查與數據採集，其他方面依然採用傳統的方式來編製 CPI 價格指數。這是交易大數據的一種簡單應用，瑞士統計機構就是這樣處理的。這樣做的好處是降低了數據採集成本，提高了數據採集的可靠性和全面性，並且能夠很好地保持 CPI 指數計算及發布的連續性，使得公眾易於接受。其不足之處是沒有充分運用收集到的交易大數據信息，不能有效克服傳統 CPI 指數計算及發布的缺陷和不足。

另外一種思路是全新構建 CPI 價格指數體系，放棄代表規格品和權重的選擇確認，充分利用收集到的交易大數據信息，使用現代價格指數計算方法，以克服傳統 CPI 指數計算及發布的諸多不足。缺點是宣傳和公眾理解相對困難，有一個被大眾接受的過程。

8.3.1　數據預處理

使用全部交易數據進行 CPI 指數計算時需要進行數據預處理，包括：

首先，可以考慮刪除價格波動過大的商品。正常情況下商品或服務的價格變化是相對平穩的，每個月間規格品的價格不應該發生過大的變化。如果某個規格品價格變動過大，比如價格變為上月 4 倍以上或 1/4 以下時，可以考慮刪除該規格品數據。

其次，對滯銷商品進行刪除。如果某商品銷量急遽下降而引發價格大幅下降，可將其從規格品中予以刪除。

最後，對缺失數據進行處理。交易大數據包括所有交易數據，在不同月份進行對比時，很可能存在上期有交易記錄而在本期沒有交易記錄的情況，形成數據缺失。使用傳統方法計算基本分類價格指數時只依賴規格品的價格，故而需要對缺失的價格數據進行處理，可以分情況進行處理。如果商品停止生產或商家改變銷售策略，該商品之後再也不會形成交易信息，將成為永久性數據缺失，可以從代表規格品集中去除該規格品，用相同基本分類下的其他商品替代。當商品暫時無人購買或脫銷時，會出現暫時性價格缺失。暫時性價格缺失可做如下處理：一是從規格品中直接刪除缺失規格品；二是直接使用上一期規格品的價格；三是根據同一基本分類中其他商品的平均價格變化估計缺失價格；四是根據另一同類商戶的某個可比項目的價格來估計缺失價格。所有方法都是對缺失價格的一種估計，不同方法基於不同假設得到的估計價格不同，這會給指數計算帶來不確定性。並且這樣處理只能補充缺失的價格，缺失數量還是沒法補充，只能用於傳統的只依賴價格的基本分類價格指數編製中。現代價格指數計算方法根據規格品的最大交集進行指數計算，直接拋棄存在價格缺失的規格品；或者使用 8.4.1 節介紹的 ITRYGEKS 方法同時進行價格缺失與質量調整處理。

8.3.2 代表規格品的自動選擇

傳統 CPI 價格採集方式由於抽樣調查的成本限制，採集的代表規格品樣本數量是很少的，每個基本分類通常只調查幾種代表規格品，數量非常少。採用交易大數據則幾乎可以獲得全部規格品的交易信息。

獲得規格品的全樣本交易信息後進行指數計算有兩種處理方法：一是使用全部規格品的交易價格和數量信息；二是根據全部規格品，根據一定樣本選擇規則，選擇部分規格品作為代表規格品進行指數計算。

進行常規 CPI 指數編製時代表規格品使用的是固定籃子方式，使用交易大數據作為價格數據源頭時，固定籃子方式面臨諸多挑戰：第一，全交易大數據使得每一個基本分類下都可以收集到很多規格品的交易數據，可以大大增加代表規格品數量，以增強代表性和所得指數可靠性。第二，舊的代表規格品可能快速消失，新的規格品不斷湧現，需要頻繁進行代表規格品替換。第三，人工選擇和替換代表規格品是一件非常費力的事。

一個解決辦法是放棄傳統的固定籃子，在基本分類指數層面，使用月度鏈式價格指數。鏈式價格指數計算只涉及前後兩期的數據，可以根據兩期共有的規格品數據進行指數計算，不需建立固定的產品籃子，可以有效解決新舊產品的更替問題，及時反應市場的動態變化情況，節約了人工選擇代表規格品的人力成本。

但是計算基本分類指數時，傳統上通常使用 Jevons 指數，只根據規格品價格進行計算，是不加權的，或者理解為是等權處理的。而基本分類中不同規格品的支出分佈顯然不是均勻的，事實上明顯存在「二八經驗規則」，少數規格品占據著絕大多數的支出份額，而剩下多數規格品只占少量支出份額。使用 Jevons 指數計算的基本分類指數會嚴重高估支出份額占比較小的規格品價格變化的影響，顯著低估支出份額占比較大的規格品價格變化的影響。非加權的基本價格指數還會帶來很多問題。

這個問題的徹底解決辦法是在進行基本分類指數計算時使用加權指數，但要沿用傳統非加權的基本分類價格計算方法，可以考慮削減代表規格品的數量，設置一定的取捨標準，只保留在消費開支份額中占比較大的規格品，刪除掉在開支份額中占比較小的多數規格品。荷蘭統計局使用的方法是：如果某種規格品連續兩個月的平均支出份額在同一基本分類所有規格品的支出份額中占比超出某個預先設定的門限值，就將該規格品選為代表規格品而用於基本分類指數的計算。這可看作一種粗略的隱性加權方式。

代表規格品可以這樣設計進行自動選擇：首先按照消費份額高低排序，然後從高到低選擇代表規格品，使得選中的代表規格品的累計消費份額占該基本分類消費份額的 80% 左右，最佳占比可通過對比不同占比跟全樣本的偏誤大小來選擇。這種選擇代表規格品的方法通過設定一個閾值，將超過閾值的規格品選為代表規格品，屬於非概率抽樣的排除抽樣。還有其他代表規格品的選擇方法，比如以歷史銷售額為規模尺度的序列概率與規模成比例抽樣法等。

利用全樣本信息進行加權基本分類指數計算時，也可使用這種思路剔除掉部分規格品，因為在涉及大範圍價格指數計算時，消費的商品或服務可能上百萬種，但大部分只占很小的開支份額，保留或剔除對最終價格指數的影響不大。這樣處理充分利用了收集的大數據信息，也適當降低了數據處理的麻煩。

8.3.3　基於大數據的權重自動計算

中國現行 CPI 指數計算過程中，在計算基本分類指數時沒有用到數量與權重信息，在根據基本分類指數匯總大類指數及總 CPI 指數時需要用到對應層級的權重信息。權重是計算匯總 CPI 指數時的一個關鍵指標。

中國目前根據家庭支出調查來確定權重。使用調查方法確定權重非常耗費時間與精力，中國在權重確定下來後 5 年內不會進行大的調整。在新的技術、產品與服務不斷湧現的今天，消費者的消費行為和習慣在 5 年時間可能已經發生很大改變，再考慮到季節因素，月與月之間都可能有很大不同，如果權重的確定能夠每期動態調整的話，必然可以提高價格指數的代表性和合理性。利用全樣本交易大數據可以更為科學、準確地確定和調整 CPI 的各級權重，可以做到每個報告期都調整權重，從而更為準確、及時地反應消費者行為對物價的影響以及季節性因素等對 CPI 的影響。

基於全樣本交易大數據，可以在每個報告期末生成的整個市場成交記錄的基礎上，根據成交記錄中的不同基本分類的成交金額按比例得出相應的權重，再逐級匯總計算出各小、中及大類的權重；甚至可以結合不同消費群體的個人信息，計算不同群體的消費權重，比如退休人員的消費權重、低收入群體的消費權重等，為編製不同群體的價格指數創造條件。

這樣基於全信息交易大數據，可以自動逐期獲得動態權重信息，動態權重將進一步提高 CPI 指標的敏感性和可靠性。

8.3.4 基於大數據的指數計算

實踐中 CPI 指數計算一般都是分層分步進行：先計算各基本分類指數，然後基於基本分類指數匯總得到大類指數，再匯總大類指數得到 CPI 總價格指數。傳統方法在計算基本分類指數時，因為只採集了每個代表規格品的價格信息，沒有採集每個規格品的量的信息，通常都使用非加權的 Jevons 指數。交易全樣本大數據提供了所有商品的價格和銷量，給基本分類指數計算即編製加權價格指數提供了可能性。

使用大數據進行 CPI 編製時可以使用月度鏈指數：首先得到反應相鄰月份價格變化的逐月環比指數，然後通過將逐月環比指數連乘，連結到某個基期得到定基價格指數。這樣的好處是指數能夠及時反應市場動態，並且容易加入新的規格品，去掉舊的規格品，從而提高產品的代表性。此外，可以免去構建年度固定產品籃子，減少代表規格品替換的人工選擇，大大降低了統計部門的負擔。

但是使用鏈式指數應該注意鏈漂移問題，即鏈乘得到的指數與定基直接計算得到的指數不一致的問題。

傳統指數編製方法對解決鏈偏誤問題是無能為力的，比如中國價格指數編製方案使用非加權的 Jevons 指數編製基本價格指數，再使用加權的 Young 指數編製匯總價格指數，最終所得指數必然存在鏈偏誤。儘管 Jevons 指數本身是沒有鏈偏移的，如果基本分類價格指數和匯總價格指數均使用 Jevons 指數，這樣所得最終指數結果可以解決鏈式漂移問題，但使用非加權的 Jevons 指數，相當於以等權的方式進行計算，顯然並不是非常合理的處理方式，並且會導致其他很多問題。

利用全交易大數據編製 CPI 指數的現代指數編製方法重點關注的就是鏈式漂移問題，通過選擇合適的價格指數計算方法來解決鏈偏誤問題，比較典型的就是使用近年新興的滾動窗 GEKS 指數或 WTDP 指數編製方法，它們能夠完美地解決鏈偏誤問題，所得指數大致能夠通過三大檢驗，是一種較為合理的指數計算方案。其不足之處是理解起來相對困難，不易向公眾宣傳和推廣。

8.4 大數據背景下 CPI 指數計算及發布的質量改進

8.4.1 CPI 指數質量變化的調整方法

技術進步導致代表商品質量或服務品質的變化，或者代表商品消失後使用替代商品，以及新產品的快速湧現，導致 CPI 指數出現前後質量偏差。很多國家發布 CPI 指數時都會進行質量調整，扣除質量變化導致的 CPI 指數變化部分。研究表明，這是引起 CPI 偏差的重要原因。

目前質量調整方法很多，包括加法調整法、乘法調整法、模型匹配法、重疊法（當舊產品退出市場過程較為緩慢時，新舊產品在市場上會存在一定重疊期，重疊期內可同時觀測到新舊產品的價格，如果重疊期新舊產品交易量和價格穩定，則重疊期價格指數可用舊產品價格進行計算，重疊期之後的價格指數用新產品價格計算）、連結法（當新舊產品沒有觀察到重疊期時，觀察到的新、舊產品間的價格差異分解為兩部分：一部分歸因於純價格變化，可由同類商品的價格變化來估計；一部分歸因於質量差異）、剔除法、組內均值剔除法（把特徵相似的一組商品的價格變化率的幾何平均作為該組缺失價格的質量調整系數進行缺失價格插補）、主觀判斷法、專家判斷法、生產成本調整法（假定新舊產品的質量差異完全由成本差異決定，故而從價格差異中減去新增產品特徵的生產成本）、特徵價格法（Hedonic 方法）等。

不同的方法適用於不同的情形，其中特徵價格法影響較大，現在越來越流行。其基本思想是假設產品的價格由產品的多種內在特徵決定，比如房子的價格是由位置、大小、質量、朝向、環境、配套等因素決定，電腦價格由 CPU 速度、內存大小、硬盤容量及品牌等因素決定，可以建立產品價格與產品眾多特徵間的計量模型，將產品特徵與價格間關係加以量化，從而可得出剔除質量變化因素後的價格指數。這種方法稱為 Hedonic 迴歸特徵價格法。用得較多的 Hedonic 迴歸模型包括雙對數模型、半對數模型和線性模型，最具代表性的計量模型為時間虛擬變量半對數模型：

$$\ln p_i^t = \beta_0^t + \sum_{t=1}^{T} \beta^t D^t + \sum_{k=1}^{K} \beta_k^t Z_{ik}^t + \varepsilon_i^t \qquad (8.1)$$

其中 Z_{ik}^t 代表產品 i 在時期 t 影響產品價格的 K 個主要特徵變量。使用半對數模型的好處是允許特徵變量為 0，可以應用於出現新產品的情形。根據迴歸模型 (8.1)，可以估計出特徵變量 k 在 t 時期的特徵變量系數 β_k^t，該系數稱為隱含價格或影子價格。Hedonic 迴歸結果可作為調整 CPI 質量變化的依據，CPI 指數調整量的大小為：

$$\Delta CPI = \exp\left[\sum_{k=1}^{K}\beta_k^{t-1}(Z_{ik}^t - Z_{ik}^{t-1})\right] - 1 \tag{8.2}$$

Hedonic 迴歸還可用於替代規格品的選擇，以選出具有較強可比性的替代品。Hedonic 質量調整法是否可靠取決於能否獲得影響產品價格的產品特徵的全面信息，迴歸模型中應盡可能包含所有對產品價格產生重要影響的特徵，否則將影響隱含價格估計的準確性。

傳統 CPI 指數計算方法通過抽樣調查獲得產品價格信息，數據採集時只收集了產品價格信息，沒有收集產品特徵的任何信息，沒法建立 Hedonic 迴歸模型，故而目前中國編製的 CPI 指數沒有進行質量調整。這是沒有辦法的事情。在獲取交易大數據時可以包含商品的全面特徵信息，為 Hedonic 方法實施創造了條件，方便計算質量調整系數。

De Haan 和 Krsinich（2012，2014）提出了一種質量調整的新方法：用兩期數據進行式（8.1）的半對數模型 Hedonic 迴歸，解釋變量包括時間虛擬變量及產品的各種特徵變量，使用加權最小二乘進行參數估計，權重為兩期開支所占份額的算術平均，如果新舊產品更替導致某期數據缺失，則認為其開支份額為 0，權重為有數據的開支份額的二分之一。如果無數據缺失，這樣所得指數即為 Törnqvist 指數；如果有數據缺失，則可由 Hedonic 迴歸估計出缺失的價格，並以此計算 Törnqvist 指數，這樣可得到 Törnqvist 指數的擴展形式。以此作為基礎價格指數用於移動窗 GEKS 指數計算，所得結果稱為 ITRYGEKS（Imputation Törnqvist RYGEKS）指數。該指數計算方法沒有鏈漂移，雙邊指數計算時能夠處理價格不匹配的情形（如存在價格缺失、新出現產品等情形）及質量變化。當然前提是需要收集到產品的特徵數據。

8.4.2　CPI 指數的季節調整

人們消費的商品中常常存在季節性商品。季節性商品包含兩種類型：一是該商品只在一年中的某些時段在市場中有銷售，這稱為強季節性商品；另外一類是隨時都有銷售，但其價格或數量存在規律性的波動，這類商品稱為弱季節性商品。

存在強、弱季節性商品時，常規方法編製的月度價格指數會包含季節波動，掩蓋價格變化的趨勢。國際上很多國家會對 CPI 指數進行季節調整，以消除季節變化的影響。調整的方法很多，包括移動平均法、經濟平滑法、季節調整 X-11 法、X-11-ARIMA 法、X-12-ARIMA 法和 Tramo Seats 方法等。目前國際上採用較多的調整方法是 X-12-ARIMA 方法，但考慮到中國跟國外相比特有的節假日分佈，該方法效果並不一定很理想，需要進行針對性的改造。

季節性商品的存在使得價格指數存在季節波動，但指數的季節性不會非常嚴格和有規律性，使得基於價格指數的季節調整效果不一定非常理想。另外一種思路是直接在編製指數時考慮季節性問題而直接編製無季節性變化的指數。對季節性商品可以使用幾種指數解決：一是年同比月度指數，二是年度指數，三是滾動年年度指數，四是月度鏈指數。

可以通過編製滾動年 Mudgett Stone 指數進行季節調整。某月的滾動年 Mudgett Stone 指數，以到該月為止的前 12 個月的價格與消費數量或份額與固定不變的基年 12 個月的數據對比進行指數計算，可看作以當前滾動年中點為中心的季節調整價格指數。直接計算滾動年 Mudgett Stone 定基指數時操作及理解都比較簡單，但鏈乘計算時有兩種鏈乘模式：一是按照每月計算出的滾動指數鏈乘得到；二是只按照每年同月鏈乘，中間間隔 11 個月不鏈乘。第二種鏈乘方式是前面 24 個月的數據不鏈乘，直接跟基期計算直接指數得到。

比如假設選擇 1997 年為基年，在計算 1999 年 6 月的滾動年 Mudgett Stone 指數時，基年選 1997 年 1 月到 12 月的數據，並把每月同一商品當作不同商品進行處理，比較期則選擇 1998 年 7 月到 1999 年 6 月共 12 個月的不同商品數據進行指數計算，所得結果可看成以 1999 年 1 月為中心的季節調整後的指數。

其實現代碼如下：

```
##先把數據按照滾動年格式準備好,然後指數計算可按常規方式進行
#從第一個月開始,滾動將連續 12 個月 7 種不同商品轉化為 84 種不同商品
p1 = array(0, dim = c(N*12, T-11))
q1 = p1
s1 = p1
for (i in 1:(T-11)) {
p1[,i] = c(p[,i:(i+11)])
q1[,i] = c(q[,i:(i+11)])
s1[,i] = c(s[,i:(i+11)])
}
##########
t1 = 1 #設置 1997 年為基年
```

```
x = array( 1 , dim = c( 9 , T-11 ) )
for ( i in 1:( T-12 ) ) {
t2 = t1+i
x[ 1 , i+1 ] = LaIndex( p1 , q1 , t1 , t2 )
x[ 2 , i+1 ] = PaIndex( p1 , q1 , t1 , t2 )
x[ 3 , i+1 ] = Fisher( p1 , q1 , t1 , t2 )
x[ 4 , i+1 ] = chainedIndex( p1 , q1 , t1 , t2 , 1 , method = "LaIndex" )
x[ 5 , i+1 ] = chainedIndex( p1 , q1 , t1 , t2 , 1 , method = "PaIndex" )
x[ 6 , i+1 ] = chainedIndex( p1 , q1 , t1 , t2 , 1 , method = "Fisher" )
x[ 7 , i+1 ] = chainedIndexX( p1 , q1 , t1 , t2 , 12 , method = "LaIndex" )
x[ 8 , i+1 ] = chainedIndexX( p1 , q1 , t1 , t2 , 12 , method = "PaIndex" )
x[ 9 , i+1 ] = chainedIndexX( p1 , q1 , t1 , t2 , 12 , method = "Fisher" )
}
t( x )
```

此時的鏈乘方式有點特別,不能用常規鏈乘代碼,其代碼如下:

```
chainedIndexX = function( p , q , fromPeriod , toPeriod , step = 12 , method = "LaIndex" )
    {
        result = 1
        if ( fromPeriod >= toPeriod ) return( result )
        chainedNum = ( toPeriod-fromPeriod )/step  #連結次數
        for ( t in 1:chainedNum ) {
        if ( method == "LaIndex" )
            if ( toPeriod-t * step >= fromPeriod+step ) result = result * LaIndex( p , q , toPeriod-t * step , toPeriod-( t-1 ) * step ) else
                result = result * LaIndex( p , q , fromPeriod , toPeriod-( t-1 ) * step )
        if ( method == "PaIndex" )
            if ( toPeriod-t * step >= fromPeriod+step ) result = result * PaIndex( p , q , toPeriod-t * step , toPeriod-( t-1 ) * step ) else
                result = result * PaIndex( p , q , fromPeriod , toPeriod-( t-1 ) * step )
        if ( method == "Fisher" )
```

```
        if(toPeriod-t*step>=fromPeriod+step) result=result*Fisher(p,q,
toPeriod-t*step,toPeriod-(t-1)*step) else
        result=result*Fisher(p,q,fromPeriod,toPeriod-(t-1)*step)
    }
    return(result)
}
```

所得結果如表 8.1 所示。其中加「直」的表示直接計算的定基指數，加「鏈」的表示常規鏈乘所得結果，加「鏈 2」的表示按照 11 個月間隔鏈乘而得。

表 8.1　　滾動年 Mudgett Stone 年度指數（基於 1997 年）

時間	拉氏直	派氏直	Fisher 直	拉氏鏈	派氏鏈	Fisher 鏈	拉氏鏈 2	派氏鏈 2	Fisher 鏈 2
1997 年 12 月	1.000	1.000	1.000	1.000	1.000	1.000	1.000	1.000	1.000
1998 年 1 月	1.012	0.993	1.002	1.012	0.993	1.002	1.012	0.993	1.002
1998 年 2 月	1.007	0.963	0.985	0.999	0.968	0.983	1.007	0.963	0.985
1998 年 3 月	0.985	0.931	0.957	0.977	0.936	0.956	0.985	0.931	0.957
1998 年 4 月	0.973	0.915	0.943	0.967	0.918	0.942	0.973	0.915	0.943
1998 年 5 月	0.970	0.914	0.942	0.966	0.909	0.937	0.970	0.914	0.942
1998 年 6 月	0.969	0.916	0.942	0.966	0.899	0.932	0.969	0.916	0.942
1998 年 7 月	0.969	0.921	0.944	0.965	0.890	0.927	0.969	0.921	0.944
1998 年 8 月	0.974	0.929	0.951	0.972	0.886	0.928	0.974	0.929	0.951
1998 年 9 月	1.001	0.945	0.973	0.995	0.894	0.943	1.001	0.945	0.973
1998 年 10 月	1.015	0.959	0.987	1.013	0.895	0.952	1.015	0.959	0.987
1998 年 11 月	1.012	0.969	0.991	1.023	0.889	0.954	1.012	0.969	0.991
1998 年 12 月	1.017	0.983	1.000	1.043	0.888	0.962	1.017	0.983	1.000
1999 年 1 月	1.030	0.993	1.012	1.062	0.884	0.969	1.030	0.993	1.012
1999 年 2 月	1.053	0.993	1.023	1.080	0.880	0.975	1.053	0.993	1.023
1999 年 3 月	1.068	0.980	1.023	1.090	0.868	0.973	1.068	0.980	1.023
1999 年 4 月	1.067	0.971	1.018	1.093	0.851	0.964	1.067	0.971	1.018
1999 年 5 月	1.061	0.972	1.016	1.093	0.832	0.953	1.061	0.972	1.016
1999 年 6 月	1.064	0.983	1.023	1.101	0.823	0.952	1.064	0.983	1.023
1999 年 7 月	1.071	0.990	1.030	1.111	0.815	0.951	1.071	0.990	1.030
1999 年 8 月	1.065	0.991	1.028	1.109	0.801	0.943	1.065	0.991	1.028
1999 年 9 月	1.036	0.990	1.013	1.096	0.782	0.926	1.036	0.990	1.013
1999 年 10 月	1.015	0.990	1.003	1.090	0.767	0.914	1.015	0.990	1.003
1999 年 11 月	1.007	0.985	0.996	1.088	0.758	0.908	1.007	0.985	0.996
1999 年 12 月	1.014	0.986	1.000	1.100	0.758	0.913	1.026	0.969	0.997
2000 年 1 月	1.024	0.985	1.004	1.111	0.757	0.917	1.030	0.972	1.001
2000 年 2 月	1.039	0.982	1.010	1.125	0.760	0.924	1.050	0.968	1.008

表 8.1 (續)

時間	拉氏直	派氏直	Fisher 直	拉氏鏈	派氏鏈	Fisher 鏈	拉氏鏈 2	派氏鏈 2	Fisher 鏈 2
2000 年 3 月	1.058	0.984	1.020	1.142	0.765	0.935	1.074	0.963	1.017
2000 年 4 月	1.062	0.978	1.019	1.146	0.758	0.932	1.075	0.957	1.014
2000 年 5 月	1.071	0.981	1.025	1.155	0.756	0.934	1.080	0.967	1.022
2000 年 6 月	1.077	0.989	1.032	1.162	0.752	0.935	1.082	0.978	1.029
2000 年 7 月	1.079	1.001	1.040	1.174	0.750	0.939	1.091	0.986	1.037
2000 年 8 月	1.078	1.015	1.046	1.189	0.749	0.944	1.096	0.998	1.046
2000 年 9 月	1.072	1.029	1.050	1.200	0.747	0.947	1.082	1.020	1.050
2000 年 10 月	1.067	1.044	1.055	1.213	0.744	0.950	1.072	1.037	1.054
2000 年 11 月	1.073	1.056	1.064	1.230	0.745	0.957	1.077	1.048	1.062
2000 年 12 月	1.057	1.041	1.049	1.221	0.731	0.945	1.080	1.010	1.045
2001 年 1 月	1.051	1.015	1.033	1.210	0.716	0.931	1.067	0.995	1.030
2001 年 2 月	1.040	0.991	1.015	1.196	0.701	0.915	1.062	0.965	1.012
2001 年 3 月	1.025	0.971	0.997	1.182	0.685	0.900	1.056	0.933	0.993
2001 年 4 月	1.030	0.972	1.001	1.192	0.685	0.904	1.064	0.932	0.996
2001 年 5 月	1.040	0.983	1.011	1.208	0.688	0.912	1.077	0.948	1.010
2001 年 6 月	1.052	1.000	1.026	1.228	0.694	0.923	1.092	0.967	1.027
2001 年 7 月	1.061	1.020	1.040	1.244	0.698	0.932	1.108	0.979	1.042
2001 年 8 月	1.078	1.042	1.060	1.268	0.706	0.946	1.127	0.999	1.061
2001 年 9 月	1.103	1.061	1.081	1.296	0.715	0.963	1.134	1.034	1.082
2001 年 10 月	1.114	1.067	1.091	1.311	0.717	0.970	1.128	1.054	1.090
2001 年 11 月	1.124	1.074	1.099	1.324	0.719	0.976	1.133	1.063	1.098
2001 年 12 月	1.140	1.085	1.112	1.345	0.725	0.987	1.164	1.052	1.107
2002 年 1 月	1.176	1.111	1.143	1.385	0.740	1.012	1.198	1.076	1.135
2002 年 2 月	1.210	1.136	1.172	1.427	0.753	1.037	1.241	1.092	1.164
2002 年 3 月	1.233	1.154	1.193	1.460	0.761	1.055	1.275	1.100	1.184
2002 年 4 月	1.248	1.172	1.209	1.485	0.765	1.066	1.295	1.108	1.198
2002 年 5 月	1.254	1.182	1.217	1.496	0.760	1.066	1.302	1.119	1.207
2002 年 6 月	1.256	1.189	1.222	1.504	0.754	1.065	1.307	1.129	1.215
2002 年 7 月	1.255	1.182	1.218	1.503	0.743	1.057	1.308	1.125	1.213
2002 年 8 月	1.246	1.180	1.212	1.500	0.732	1.048	1.303	1.122	1.209
2002 年 9 月	1.228	1.184	1.206	1.497	0.721	1.039	1.278	1.131	1.202
2002 年 10 月	1.217	1.192	1.204	1.502	0.714	1.035	1.262	1.143	1.201
2002 年 11 月	1.203	1.185	1.194	1.500	0.703	1.027	1.253	1.136	1.193
2002 年 12 月	1.194	1.167	1.180	1.494	0.691	1.016	1.259	1.099	1.176

可以看出，直接計算與方法 2 鏈乘計算的各滾動年指數對比，Fisher 指數差異很小，拉氏與派氏指數則有較大的差異。

將 Fisher 直接計算的定基指數以及兩種鏈乘方式得到的指數繪圖，其結果如圖 8.1 所示。

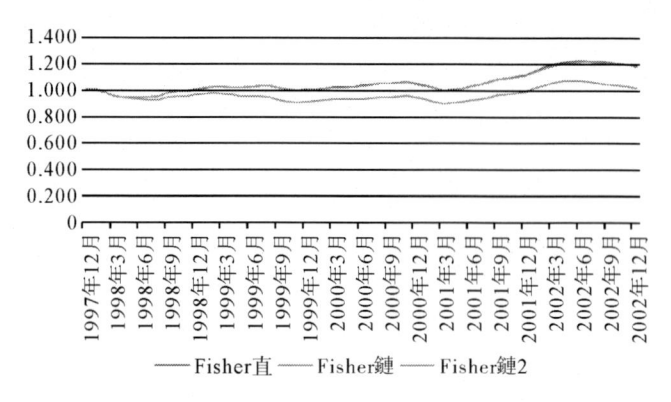

圖 8.1　滾動年 **Mudgett Stone** 方法得到的 **Fisher** 直接與鏈乘指數

從圖 8.1 可以明顯看到，滾動年 Mudgett Stone 指數較好地去除了季節性波動，同時可以看出，Fisher 指數直接計算的指數與一年間隔的鏈乘指數差異不是很大，鏈偏移不算嚴重，但與常規鏈乘方法間則存在較大鏈偏移。

對拉氏指數而言，直接計算與鏈乘計算的結果隨著時間的推移差異明顯，鏈偏誤較為嚴重。滾動年指數同樣較好地去除了季節性波動（圖 8.2）。

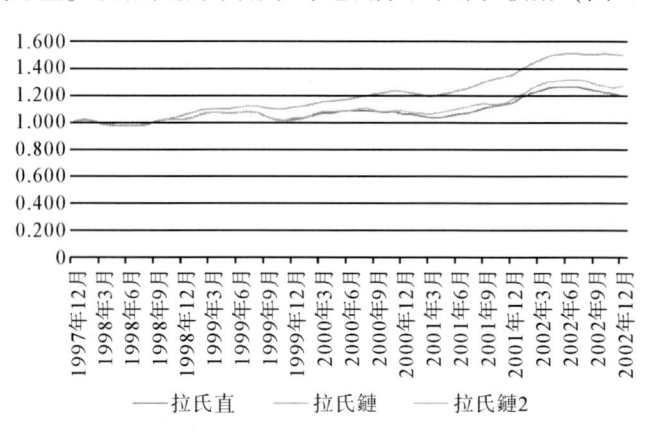

圖 8.2　滾動年 **Mudgett Stone** 方法得到的拉氏直接與鏈乘指數

派氏指數跟拉氏指數類似，也有較大的鏈偏誤，但偏誤的方向相反。滾動年指數同樣較好地去除了季節性波動（圖 8.3）。

8.4.3　大數據背景下準即時及多層次 CPI 指數的編製與發布

大數據背景下可以收集到充足的居民消費數據，並可能將居民個人信息和消費數據聯繫起來，數據可獲得性不再是一個大的問題，據此可解決現行 CPI 數據發布制度存在的不少問題，改進和完善現行 CPI 指數編製和發布體系。統

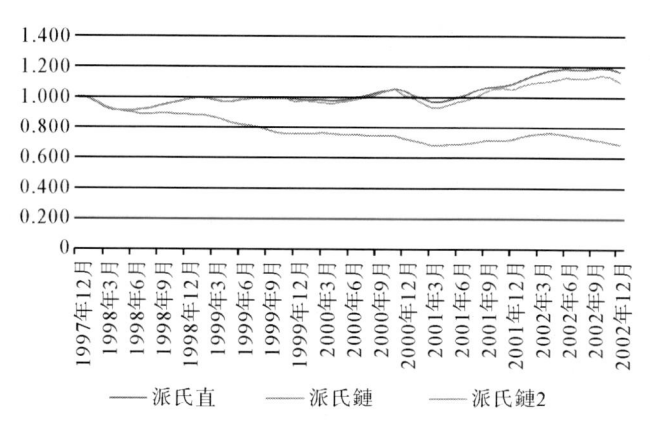

圖 8.3　滾動年 Mudgett Stone 方法得到的派氏直接與鏈乘指數

計部門應逐步轉變觀念，強化服務意識，充分利用大數據，不斷提高 CPI 數據發布的詳盡度和精細化程度，提供準即時多層次的 CPI 指數。

利用大數據，統計部門能夠對市場價格進行即時跟蹤和匯總，提供及時的價格統計信息，通過規模以上零售機構設立聯網直報機制，將商品交易價格及數量數據直接從業務系統中抓取，由統計部門迅速匯總、計算，完全可以大大縮短 CPI 指數發布時間，甚至做到每週或每天都發布重要的價格指數。

中國可以跟發達國家一樣，編製和發布詳細的分類指數，除了編製發布 8 個大類指數外，直至 262 個基本分類的價格指數均可編製發布。除編製發布常規 CPI 指數外，還可編製發布剔除食品和能源的核心通貨膨脹指數，以及剔除食品的價格指數、剔除能源的價格指數、商品類價格指數、服務類價格指數、能源價格指數、剔除居住類的價格指數、剔除醫療服務的價格指數、剔除食品的商品價格指數、剔除食品的非耐用品指數、剔除食品及衣著的非耐用品價格指數、非耐用品價格指數等等。

從經濟學的角度，每個人、每個家庭都有自己的偏好和效用函數，因而都可以有自己特有的消費者價格指數。把不同人歸為不同的類，可以有多層次的 CPI 指數。同時，可以根據不同收入水準、不同年齡段、不同區域或其他屬性分層編製更多的價格指數，實行「個性化」統計，計算出分類 CPI 指數。比如，考慮到農村與城鎮的消費結構和消費習慣等方面存在較大差異，可以分別計算農村和城鎮的 CPI 指數，便於分別掌握情況和區別調控。可以根據居民消費開支低、中等及高的不同編製對應人群價格指數，反應物價變動對不同消費群體的影響。可以編製低收入群體 CPI，為政府實行價格補貼、調整貧困線、制定最低生活保障及最低工資標準和福利政策提供依據。可編製老年人口

CPI，為調整離退休人員基本養老保險和醫療保險提供參考。這樣根據不同社會階層和群體分別計算 CPI 指數，使 CPI 數據更加貼近民生，滿足學者、政策制定者、政府管理部門及實踐中人們對相關指數數據的需求。

除編製發布詳細的分地區 CPI 指數外，還可根據不同區域編製發布分區價格指數，如根據區域差異編製東中西、珠三角、長三角等區域性 CPI，對大城市而言，也可根據自然分區如城市富人區、貧民區發布不同的區域價格指數。

在編製不同人口群體的 CPI 指數時，簡單的做法是使用相同的分類、代表規格品、採價地點、採價時間和指數公式，不同的只是人口群體的消費權重結構不同。但應該明白，這只是一種簡化的處理辦法，不同消費群體不僅在權重上存在著較大差異，在消費的商品和服務上也有較大差異。因而應為不同的群體選擇不同的產品籃子和樣本數據，在 CPI 產品籃子的基礎上，剔除對該人口群體不具有代表性的規格品，增加具有代表性的規格品，這樣才能得到較為準確的群體價格指數。

8.5 目前階段使用交易大數據編製 CPI 指數存在的局限性

由於技術的局限、法律制定的滯後及大數據基礎設施建設還沒達到理想的程度，以及指數編製方法的不完善，目前階段使用大數據編製 CPI 指數，操作實施過程中還存在一定的局限性，具體表現在：

首先，電子化交易大數據還沒有覆蓋所有交易領域，比如一些服務性商品的交易價格及數量、小雜貨店及農貿市場等傳統市場形態暫時還無法方便、快捷地獲得電子化交易數據，故而暫時還不能完全取消人工數據採集。

其次，交易大數據獲取存在一定被動性，只有在發生真實交易時才能採集到商品的數據信息。

最後，指數計算的相關理論和方法還需要進一步研究和完善。比如如何合理地編製滿足三大檢驗的價格指數、如何自動選擇代表規格品、如何準確地進行質量調整、如何科學合理地將電子化交易大數據與部分人工採集的數據整合在一起構建價格指數等；交易大數據反應的是交易情況，不是真正的消費情況，但指數理論和國民帳戶核算體系中的購買和消費是兩個不同的概念。

主要參考文獻

[1] ALTERMAN W F, DIEWERT W E, FEENSTRA R C. International trade price indexes and seasonal commodities [R]. Bureau of Labor Statistics, Washington D. C., 1999.

[2] DIEWERT W E, FINKEL Y, ARTSEV Y. Empirical evidence on the treatment of seasonal products: The Israeli experience [C] //DIEWERT W E et al. Price and productivity measurement: Volume 2: Seasonality. Victoria, Canada: Trafford Press, 2009: 53-78.

[3] DIEWERT W E. Weighted country product dummy variable regressions and index number formulae [J]. The Review of Income and Wealth, 2005, 51 (4): 561-571.

[4] DE HAAN J, VAN DER GRIENT H A. Eliminating chain drift in price indexes based on scanner data [J]. Journal of Econometrics, 2011 (161): 36-46.

[5] DE HAAN J, KRSINICH F. The treatment of unmatched items in rolling year GEKS price indexes: Evidence from New Zealand scanner data [Z]. Paper Presented at the Meeting of Groups of Experts on Consumer Price Indices Organized Jointly by UNECE and ILO at the United Nations Palais des Nations, Geneva Switzerland, May 30-June 1, 2012.

[6] DE HAAN J, KRSINICH F. Scanner data and the treatment of quality change in rolling year GEKS indexes [J]. Journal of Business and Economic Statistics, 2014, 32 (3): 341-358.

[7] HILL R J. Superlative indexes: Not all of them are super [J]. Journal of Econometrics, 2004 (130): 25-43.

[8] HANDBURY J, WATANABE T, WEINSTEIN D E. How much do official price indexes tell us about inflation [Z]. Paper Presented at the Economic Measure-

ment Group Workshop Asia 2013, Tokyo, Japan, October 16, 2013.

[9] HUANG N, WIMALARATNE W, POLLARD B. Investigation on reducing the substitution bias in the Canadian CPI [Z]. Paper Presented at the Meeting of the Statistics Canada Price Measurement Advisory Committee, Ottawa, October 2, 2013.

[10] ILO et al. Consumer price manual: Theory and practice [M]. Geneva, International Labour Organization, 2004.

[11] IVANCIC L, DIEWERT W E, FOX K J. Scanner data, time aggregation and the construction of price indexes [J]. Journal of Econometrics, 2011 (161): 24-35.

[12] SILVER M, HERAVI S. Why elementary price index number formulas differ: Evidence on price dispersion [J]. Journal of Econometrics. 2007 (140): 874-883.

[13] MüLLER R. Price collection with scanner data for the Swiss CPI/HICP [A]. Joint UNECE /ILO Meeting on Consumer Price Indices Geneva, 10 - 12 May 2010.

[14] 陳夢根, 劉浩. 大數據對 CPI 統計的影響及方法改進研究 [J]. 統計與信息論壇, 2015, 30 (6): 8-13.

[15] 陳相成, 喬晗, 溫素清. 掃描數據支持下的 CPI 調查 [J]. 市場研究, 2012 (7): 28-33.

[16] 陳相成, 喬晗. 掃描數據支持下 CPI 編製方法研究 [J]. 統計研究, 2013 (1): 25-30.

[17] 高豔雲. 質量調整的價格指數編製中 Hedonic 插補法的應用 [J]. 數理統計與管理, 2010 (11).

[18] 高豔雲. CPI 編製及公布的國際比較 [J]. 統計研究, 2009 (9): 15-20.

[19] 賀鳳羊, 劉建平. 如何對中國 CPI 進行季節調整——基於 X-12-ARIMA 方法的改進 [J]. 數量經濟技術經濟研究, 2011 (5).

[20] 馬建堂. 大數據在政府統計中的探索與應用 [M]. 北京: 中國統計出版社, 2013.

[21] 喬晗.「大數據」背景下利用掃描數據編製中國 CPI 問題研究 [J]. 統計與信息論壇, 2014, 29 (2): 12-19.

[22] 維克托·邁爾-舍恩伯格, 肯尼思·庫克耶. 大數據時代 [M]. 杭

州：浙江人民出版社，2012.

［23］吳瓊. 大數據視野中的價格指數統計［J］. 統計講壇，2013（10）.

［24］徐強. CPI 編製中的幾個基本問題探析［J］. 統計研究，2007（8）：30-35.

［25］徐強. 價格指數編製中的 Hedonic 質量調整方法研究［J］. 財經問題研究，2009（8）.

［26］張金水. 消費品真實物價指數的計算方法［J］. 系統工程理論與實踐，1995（10）：32-36.

［27］張周平. 2013 年度中國電子商務市場數據監測報告［R］. 中國電子商務研究中心，2014（3）.

［28］趙子東. 關於人工採集網絡價格旳可行性研究［J］. 調研世界，2014（9）.

［29］鄭京平，王全眾. 官方統計應如何面對 Big Data 的挑戰［J］. 統計研究，2012（12）.

附錄

表 1 數據為以色列 1997 年 1 月—2002 年 12 月 7 類蔬菜月度平均價格，單位為謝克爾/千克（謝克爾為以色列貨幣單位，目前 1 謝克爾大致相當於人民幣 1.87 元）。表 2 數據為以色列 1997 年 1 月—2002 年 12 月 7 類蔬菜月度開支所占份額。數據來源於 Diewert，Artsev 和 Finkel（2009）。

表 1　　　　　　　　　　價格數據

時間	卷心菜	花椰菜	黃瓜	土豆	胡蘿卜	萵苣	茄子
1997 年 1 月	2.09	3.10	3.21	2.37	3.16	3.01	3.28
1997 年 2 月	2.50	3.77	5.00	2.54	3.16	3.05	6.31
1997 年 3 月	2.67	3.92	5.49	3.23	3.26	3.14	6.49
1997 年 4 月	2.34	4.04	4.46	3.17	3.26	3.12	5.55
1997 年 5 月	2.40	3.63	2.98	2.91	3.13	3.18	4.07
1997 年 6 月	2.24	4.10	2.56	2.64	3.02	3.26	3.33
1997 年 7 月	2.12	4.50	2.96	2.56	3.07	3.25	2.63
1997 年 8 月	2.61	4.54	2.96	2.93	3.33	3.46	2.82
1997 年 9 月	2.83	4.51	2.73	2.93	3.55	3.45	2.74
1997 年 10 月	2.71	4.19	3.35	3.05	3.86	3.53	2.99
1997 年 11 月	2.55	4.00	3.44	3.04	3.52	3.61	3.12
1997 年 12 月	2.45	3.80	3.27	2.86	3.11	3.44	3.03
1998 年 1 月	2.36	3.40	3.11	2.71	2.81	3.29	3.21
1998 年 2 月	2.28	3.13	2.99	2.58	2.76	3.10	3.61
1998 年 3 月	2.18	3.54	3.47	2.42	2.67	3.17	4.12
1998 年 4 月	2.18	3.51	4.14	2.46	2.77	3.18	4.64
1998 年 5 月	2.12	4.24	3.26	2.44	2.84	3.28	5.03
1998 年 6 月	2.27	4.80	2.67	2.34	3.12	3.32	3.14
1998 年 7 月	2.33	4.88	2.69	2.36	3.39	3.39	2.94

表1(續)

時間	卷心菜	花椰菜	黃瓜	土豆	胡蘿卜	萵苣	茄子
1998年8月	3.76	5.65	3.35	2.65	3.88	3.99	2.95
1998年9月	7.40	7.24	3.75	2.94	4.27	5.10	3.33
1998年10月	6.38	6.18	3.53	3.25	4.54	5.04	3.43
1998年11月	3.84	5.56	3.09	3.32	4.14	4.23	3.32
1998年12月	3.05	4.89	4.43	3.26	3.72	3.70	3.16
1999年1月	3.21	3.99	3.25	3.18	3.59	3.26	4.39
1999年2月	2.72	3.40	3.19	3.09	3.47	3.26	4.80
1999年3月	2.27	3.98	3.05	2.81	3.21	2.89	4.15
1999年4月	2.34	3.46	3.15	2.76	3.18	2.91	3.80
1999年5月	2.20	3.54	2.78	2.45	3.12	3.07	3.38
1999年6月	2.24	4.15	2.86	2.40	3.28	3.16	3.20
1999年7月	2.33	5.61	3.05	2.39	3.38	3.28	3.07
1999年8月	2.67	6.02	2.99	2.71	3.29	3.50	3.17
1999年9月	2.93	5.33	3.51	2.77	3.31	3.68	3.13
1999年10月	2.86	4.95	4.34	2.86	3.58	3.72	3.22
1999年11月	2.65	5.00	3.67	2.97	3.59	3.56	3.03
1999年12月	2.76	5.24	5.02	3.57	3.74	3.52	3.88
2000年1月	2.60	3.69	4.33	3.18	3.86	3.50	4.45
2000年2月	2.56	3.82	4.45	2.98	3.88	3.60	6.38
2000年3月	2.44	4.44	4.18	2.90	3.70	3.29	5.67
2000年4月	2.24	3.89	3.16	2.53	3.25	3.00	4.85
2000年5月	2.28	3.79	2.68	2.52	3.38	3.27	4.51
2000年6月	2.29	4.25	2.95	2.44	3.24	3.43	3.28
2000年7月	2.86	5.09	3.33	2.61	3.28	3.45	2.85
2000年8月	3.71	5.42	2.96	3.09	3.49	3.68	2.94
2000年9月	3.65	5.10	3.21	3.14	3.69	3.84	2.96
2000年10月	3.25	5.09	4.02	3.30	3.99	3.79	3.31
2000年11月	3.03	5.32	4.26	3.21	3.89	3.77	3.41
2000年12月	3.02	4.54	3.87	2.99	3.85	3.73	3.31
2001年1月	2.96	4.16	3.06	2.67	3.63	3.63	3.31
2001年2月	2.81	4.10	3.26	2.45	3.41	3.53	3.52

表1(續)

時間	卷心菜	花椰菜	黃瓜	土豆	胡蘿卜	萵苣	茄子
2001 年 3 月	2.65	4.14	3.13	2.34	3.21	3.30	3.62
2001 年 4 月	2.57	4.49	3.47	2.58	3.36	3.39	4.57
2001 年 5 月	2.05	4.46	3.50	2.88	3.55	3.49	4.14
2001 年 6 月	2.52	4.80	3.24	3.10	3.73	3.62	3.72
2001 年 7 月	2.55	5.12	3.35	3.43	3.90	3.56	3.40
2001 年 8 月	2.71	5.25	4.64	3.76	3.99	3.61	3.54
2001 年 9 月	2.87	6.21	5.18	3.77	4.26	3.93	4.11
2001 年 10 月	3.01	5.51	4.03	4.08	4.38	3.88	3.75
2001 年 11 月	2.95	5.10	3.70	4.29	4.23	3.89	3.65
2001 年 12 月	3.46	4.66	4.29	3.94	4.12	3.91	3.72
2002 年 1 月	3.38	4.64	5.96	3.51	3.97	3.95	5.19
2002 年 2 月	3.30	4.45	4.86	3.60	4.03	3.83	6.34
2002 年 3 月	2.97	4.17	3.75	3.44	3.93	3.53	4.74
2002 年 4 月	2.91	4.17	3.87	3.42	3.94	3.57	4.95
2002 年 5 月	2.60	4.24	3.09	3.27	3.83	3.57	4.40
2002 年 6 月	2.56	4.68	3.41	3.17	3.75	3.62	3.55
2002 年 7 月	2.44	5.51	3.41	3.07	3.63	3.52	3.22
2002 年 8 月	3.49	6.00	3.99	3.16	3.82	3.98	3.63
2002 年 9 月	4.72	6.38	4.11	3.33	4.06	4.31	3.79
2002 年 10 月	4.54	5.15	4.66	3.28	4.30	4.08	3.64
2002 年 11 月	3.36	5.50	4.53	3.03	4.18	3.93	3.24
2002 年 12 月	3.07	5.04	4.25	3.03	4.08	3.69	4.01

表 2　　　　　　　　　　　份額數據

時間	卷心菜	花椰菜	黃瓜	土豆	胡蘿卜	萵苣	茄子
1997 年 1 月	0.089,16	0.052,45	0.272,73	0.375,87	0.090,91	0.050,70	0.068,18
1997 年 2 月	0.088,98	0.065,68	0.281,78	0.347,46	0.093,22	0.057,20	0.065,68
1997 年 3 月	0.073,64	0.050,39	0.292,64	0.370,16	0.085,27	0.046,51	0.081,40
1997 年 4 月	0.074,01	0.039,71	0.306,86	0.380,87	0.086,64	0.061,37	0.050,54
1997 年 5 月	0.060,67	0.027,40	0.279,84	0.432,49	0.082,19	0.074,36	0.043,05
1997 年 6 月	0.068,58	0.026,55	0.269,91	0.411,50	0.088,50	0.048,67	0.086,28
1997 年 7 月	0.076,57	0.037,12	0.278,42	0.387,47	0.076,57	0.051,04	0.092,81
1997 年 8 月	0.059,81	0.026,32	0.282,30	0.404,31	0.071,77	0.043,06	0.112,44
1997 年 9 月	0.051,34	0.029,34	0.242,05	0.452,32	0.092,91	0.056,23	0.075,79
1997 年 10 月	0.068,41	0.044,27	0.245,47	0.426,56	0.090,54	0.052,31	0.072,43
1997 年 11 月	0.081,35	0.039,68	0.263,89	0.396,83	0.091,27	0.049,60	0.077,38
1997 年 12 月	0.087,05	0.053,57	0.250,00	0.390,63	0.091,52	0.053,57	0.073,66
1998 年 1 月	0.073,17	0.057,65	0.226,16	0.441,24	0.097,56	0.068,74	0.035,48
1998 年 2 月	0.085,15	0.053,47	0.255,45	0.394,06	0.081,19	0.057,43	0.073,27
1998 年 3 月	0.082,45	0.048,63	0.283,30	0.380,55	0.086,68	0.057,08	0.061,31
1998 年 4 月	0.062,99	0.039,37	0.299,21	0.368,11	0.072,83	0.080,71	0.076,77
1998 年 5 月	0.068,00	0.038,00	0.304,00	0.366,00	0.078,00	0.064,00	0.082,00
1998 年 6 月	0.066,21	0.029,68	0.301,37	0.379,00	0.082,19	0.041,10	0.100,46
1998 年 7 月	0.065,06	0.038,55	0.315,66	0.342,17	0.086,75	0.053,01	0.098,80
1998 年 8 月	0.065,73	0.032,86	0.295,77	0.399,06	0.077,46	0.049,30	0.079,81
1998 年 9 月	0.071,57	0.032,88	0.311,41	0.377,18	0.077,37	0.056,09	0.073,50
1998 年 10 月	0.114,70	0.037,63	0.277,78	0.344,09	0.075,27	0.062,72	0.087,81
1998 年 11 月	0.098,67	0.043,64	0.242,88	0.370,02	0.102,47	0.062,62	0.079,70
1998 年 12 月	0.082,64	0.057,85	0.237,60	0.392,56	0.097,11	0.070,25	0.061,98
1999 年 1 月	0.100,97	0.077,67	0.200,00	0.384,47	0.112,62	0.064,08	0.060,19
1999 年 2 月	0.099,80	0.061,88	0.231,54	0.379,24	0.091,82	0.057,88	0.077,84
1999 年 3 月	0.088,61	0.040,08	0.261,60	0.394,51	0.092,83	0.071,73	0.050,63
1999 年 4 月	0.082,51	0.056,97	0.261,30	0.392,93	0.084,48	0.072,69	0.049,12
1999 年 5 月	0.072,58	0.038,31	0.258,06	0.395,16	0.086,69	0.064,52	0.084,68
1999 年 6 月	0.072,83	0.023,62	0.299,21	0.370,08	0.080,71	0.064,96	0.088,58
1999 年 7 月	0.067,54	0.023,97	0.302,83	0.355,12	0.093,68	0.058,82	0.098,04

附錄 | 169

表2(續)

時間	卷心菜	花椰菜	黃瓜	土豆	胡蘿卜	萵苣	茄子
1999 年 8 月	0.064,97	0.027,84	0.269,14	0.394,43	0.092,81	0.041,76	0.109,05
1999 年 9 月	0.071,43	0.034,75	0.285,71	0.378,38	0.077,22	0.059,85	0.092,66
1999 年 10 月	0.072,21	0.043,76	0.286,65	0.352,30	0.085,34	0.065,65	0.094,09
1999 年 11 月	0.077,24	0.043,84	0.275,57	0.373,70	0.085,59	0.077,24	0.066,81
1999 年 12 月	0.078,53	0.048,87	0.284,47	0.389,18	0.082,02	0.050,61	0.066,32
2000 年 1 月	0.069,66	0.031,46	0.224,72	0.453,93	0.116,85	0.060,67	0.042,70
2000 年 2 月	0.078,57	0.046,43	0.246,43	0.385,71	0.128,57	0.058,93	0.055,36
2000 年 3 月	0.074,66	0.047,15	0.251,47	0.392,93	0.090,37	0.064,83	0.078,59
2000 年 4 月	0.073,12	0.053,36	0.264,82	0.379,45	0.088,93	0.081,03	0.059,29
2000 年 5 月	0.084,00	0.042,00	0.250,00	0.382,00	0.084,00	0.088,00	0.070,00
2000 年 6 月	0.081,21	0.030,16	0.290,02	0.334,11	0.097,45	0.078,89	0.088,17
2000 年 7 月	0.076,58	0.020,27	0.281,53	0.387,39	0.096,85	0.063,06	0.074,32
2000 年 8 月	0.101,08	0.027,96	0.270,97	0.378,49	0.075,27	0.066,67	0.079,57
2000 年 9 月	0.079,11	0.024,34	0.279,92	0.397,57	0.079,11	0.066,94	0.073,02
2000 年 10 月	0.090,91	0.047,93	0.238,02	0.375,21	0.092,56	0.074,38	0.080,99
2000 年 11 月	0.083,01	0.032,82	0.260,62	0.376,45	0.102,32	0.075,29	0.069,50
2000 年 12 月	0.078,54	0.051,72	0.254,79	0.392,72	0.088,12	0.068,97	0.065,13
2001 年 1 月	0.092,93	0.050,51	0.212,12	0.402,02	0.101,01	0.096,97	0.044,44
2001 年 2 月	0.091,93	0.049,33	0.239,91	0.354,26	0.109,87	0.087,44	0.067,26
2001 年 3 月	0.098,36	0.051,23	0.233,61	0.368,85	0.100,41	0.077,87	0.069,67
2001 年 4 月	0.071,86	0.055,89	0.261,48	0.383,23	0.083,83	0.075,85	0.067,86
2001 年 5 月	0.072,40	0.024,89	0.296,38	0.355,20	0.088,24	0.081,45	0.081,45
2001 年 6 月	0.076,58	0.027,03	0.270,27	0.373,87	0.103,60	0.074,32	0.074,32
2001 年 7 月	0.084,54	0.030,93	0.257,73	0.362,89	0.109,28	0.076,29	0.078,35
2001 年 8 月	0.073,72	0.024,57	0.277,88	0.391,30	0.094,52	0.058,60	0.079,40
2001 年 9 月	0.075,99	0.032,82	0.279,79	0.385,15	0.082,90	0.062,18	0.081,17
2001 年 10 月	0.090,75	0.041,10	0.263,70	0.359,59	0.095,89	0.075,34	0.073,63
2001 年 11 月	0.073,29	0.043,97	0.236,16	0.415,31	0.096,09	0.078,18	0.057,00
2001 年 12 月	0.087,41	0.050,70	0.229,02	0.403,85	0.106,64	0.075,17	0.047,20
2002 年 1 月	0.085,41	0.051,60	0.241,99	0.403,91	0.097,86	0.069,40	0.049,82
2002 年 2 月	0.095,89	0.051,75	0.290,72	0.353,12	0.071,54	0.085,24	0.051,75

表2(續)

時間	卷心菜	花椰菜	黃瓜	土豆	胡蘿卜	萵苣	茄子
2002年3月	0.092,33	0.050,52	0.252,61	0.374,56	0.087,11	0.087,11	0.055,75
2002年4月	0.087,03	0.044,33	0.233,17	0.372,74	0.085,39	0.091,95	0.085,39
2002年5月	0.084,29	0.034,48	0.260,54	0.371,65	0.090,04	0.090,04	0.068,97
2002年6月	0.085,94	0.035,16	0.263,67	0.355,47	0.083,98	0.083,98	0.091,80
2002年7月	0.081,47	0.018,33	0.283,10	0.342,16	0.097,76	0.089,61	0.087,58
2002年8月	0.090,74	0.047,26	0.277,88	0.364,84	0.068,05	0.077,50	0.073,72
2002年9月	0.091,09	0.026,32	0.269,23	0.362,35	0.099,19	0.087,04	0.064,78
2002年10月	0.096,01	0.034,42	0.275,36	0.364,13	0.079,71	0.094,20	0.056,16
2002年11月	0.092,17	0.041,74	0.283,48	0.320,00	0.116,52	0.078,26	0.067,83
2002年12月	0.082,02	0.054,10	0.260,03	0.363,00	0.101,22	0.073,30	0.066,32

國家圖書館出版品預行編目（CIP）資料

大數據背景下即時CPI指數編制及R實現 / 劉田, 談近 著. -- 第一版.
-- 臺北市：財經錢線文化, 2019.10
　　面；　　公分
POD版

ISBN 978-957-680-361-1(平裝)

1.消費者物價指數 2.資料探勘

561.164　　　　　　　　　　　　　　　　　108016347

書　　名：大數據背景下即時CPI指數編制及R實現
作　　者：劉田、談近 著
發 行 人：黃振庭
出 版 者：財經錢線文化事業有限公司
發 行 者：財經錢線文化事業有限公司
E - m a i l：sonbookservice@gmail.com
粉 絲 頁：　　　　　　網　址：
地　　址：台北市中正區重慶南路一段六十一號八樓 815 室
8F.-815, No.61, Sec. 1, Chongqing S. Rd., Zhongzheng
Dist., Taipei City 100, Taiwan (R.O.C.)
電　　話：(02)2370-3310　傳　真：(02) 2370-3210
總 經 銷：紅螞蟻圖書有限公司
地　　址：台北市內湖區舊宗路二段 121 巷 19 號
電　　話：02-2795-3656 傳真：02-2795-4100　網址：
印　　刷：京峯彩色印刷有限公司（京峰數位）

　　本書版權為西南財經出版社所有授權崧博出版事業股份有限公司獨家發行電子書及繁體書繁體字版。若有其他相關權利及授權需求請與本公司聯繫。

定　　價：350元
發行日期：2019 年 10 月第一版

◎ 本書以 POD 印製發行